ANGELA VORCARO

CRIANÇAS NA PSICANÁLISE:
Clínica, instituição, laço social

ANGELA VORCARO

CRIANÇAS NA PSICANÁLISE:
Clínica, instituição, laço social

Editor
José Nazar

Companhia
de Freud
editora

Copyright © Editora Campo Matêmico Ltda

Direitos de edição em língua portuguesa adquiridos pela
EDITORA CAMPO MATÊMICO
Proibida a reprodução total ou parcial

REVISÃO
Viviane Veras

EDITORAÇÃO ELETRÔNICA
FA - Editoração Eletrônica

EDITOR RESPONSÁVEL
José Nazar

CONSELHO EDITORIAL
Bruno Palazzo Nazar
José Nazar
José Mário Simil Cordeiro
Maria Emília Lobato Lucindo
Teresa Palazzo Nazar
Ruth Ferreira Bastos

Rio de Janeiro, 2005

FICHA CATALOGRÁFICA

V953c

Vorcaro, Angela M. R. (Angela Maria Resende)

Crianças na psicanálise : clínica, instituição, laço social /
Angela Vorcaro. — Rio de Janeiro : Companhia de Freud, 1999.

208 p. ; 23 cm.

ISBN 85-85717- 34-3

1. Psicanálise infantil. I. Título

CDD-618.928917

Companhia
de Freud
e d i t o r a

ENDEREÇO PARA CORRESPONDÊNCIA
Rua Barão de Sertório, 57
Tel.: (21) 2293-7166 / 2293-9440
Rio Comprido - Rio de Janeiro
e-mail: ciadefreud@ism.com.br

*Para Cármine, por se incluir em minhas
contagens, transmitindo mistérios do contar*

*Para Lourdes, por ter me encantado,
conduzindo-me ao prazer de cantar*

Sumário

APRESENTAÇÃO: A clínica com crianças e a formação do analista 9

I - DA HOLÓFRASE E SEUS DESTINOS 19

   1. Uma construção necessária 20

   2. Alienação e Separação 23

   3. A alienação, a separação... e a holófrase 26

      3.1. Sobre a noção de holófrase 28

      3.2. A alienação, a separação... e a série 34

         3.2.1. O que se passa no Autismo? 34

         3.2.2. O que se passa na Psicose? 36

         3.3.3. O que se passa na Debilidade? 38

         3.3.4. O que se passa nos Fenômenos Psicossomáticos? 39

      3.3. A alienação, a separação... e a clínica 41

II - A TRANSFERÊNCIA NA CLÍNICA COM CRIANÇAS 59

   1. Sobre a estruturação do sujeito 59

   2. As manifestações da criança 66

      2.1. Incidências do fantasma e do sintoma na criança 67

      2.2. O discurso parental: uma das incidências da transferência 72

      2.3. Rumo à interpretação: a tensão entre a leitura prévia que a
interpretação requer e a interpretação como condição para
a leitura 75

   3. De onde o analista interpreta? As perspectivas da interpretação 78

      3.1. Qual o lugar da interpretação na clínica com crianças? 82

      3.2. Quais as ressonâncias da interpretação? 84

      3.3. A interpretação visa o encontro com a inconsistência do
Outro? 86

3.4. A interpretação é o lugar do Outro onde se decide o
valor de um dito, onde se verifica o ato analítico?............... 88
3.5. A interpretação visa a subtração do gozo? 89
4. A direção do tratamento 92
5. Direção do tratamento na clínica do autismo e das psicoses:
a estruturação do sujeito 93
6. A transferência na clínica do autismo 97

III - SOBRE A CLÍNICA INTERDISCIPLINAR 105
1. Uma clínica interdisciplinar 105
2. Psicanálise e prática interdisciplinar 110

IV - LAÇOS À DERIVA: RELAÇÕES INTER-SETORIAIS ENTRE A.
PSICOLOGIA E A FONOAUDIOLOGIA 117
1. O caso 118
2. Algumas demarcações 122
3. O apagamento do traço 123
4. Uma outra via 125

V - DA LÍNGUA E DE ADOLESCENTES NUMA
ESCOLA DE SURDOS 129
1. Sobre a escola e seus alunos 130
1.1. O método escolar 131
1.2. Particularidades dos alunos 135
2. Os limites do gesto e a língua de sinais 140
3. A infância na adolescência e sua suplência 144

VI - PRÁTICAS CLÍNICAS E ESCOLARES:
O DISCURSO PSICOPEDAGÓGICO 153
1. Das modalizações da psicopedagogia: lugares do sujeito,
da aprendizagem e da psicopedagogia 160
1.1. Causalidade e tratamento das dificuldades de aprendizagem 161
1.2. A avaliação psicopedagógica 163
1.3. O dado psicopedagógico 170
1.4. A demanda de terapia psicopedagógica 172
1.5. A supervisão 174
1.6. Piaget e Freud: desenvolvimento cognitivo e constituição
subjetiva 175
2. Posição do psicopedagogo na relação com a criança 183
3. Para concluir 195
Referências Bibliográficas 201

Apresentação
a clínica com crianças e a formação do psicanalista

<<Pode ser surpreendente que se dedique à criança ou à infância um capítulo particular, separado. Significaria isso que a perspectiva analítica sobre a criança- se não a psicanálise das crianças propriamente dita – constitui um ramo à parte, derivado, um avatar da experiência analítica ortodoxa? É verdade que até hoje se pergunta se o que chamamos de psicanálise da criança deve ser ou não efetivamente reconhecido como psicanálise stricto sensu>>[1]. Essa mesma suspensão é relembrada por Sílvia Fendrik[2], ao dizer que, na história da psicanálise de crianças, os impasses ainda não superados mantêm interrogações que não atingiram um estatuto conceitual, por localizarem o fantasma da filiação, posto em ato na cena analítica, como resposta que revela e re-vela o sintoma do analista. Constatamos que a psicanálise com crianças representa, muitas vezes, uma sub-psicanálise, como diz Marie-Jean Sauret: <<uma psicanálise para principiante>>[3], o que poderia nos levar a perguntar se uma psicanálise com/de crianças estaria à altura do discurso analítico.

Efetivamente, encontramos muitos cursos que embora se proponham a formar especialistas em psicanálise de crianças, acontecem totalmente isolados da formação de analistas. Há ainda outras propostas que se definem numa orientação psicanalítica, mas que partem do pressuposto da insubmissão da criança à psicanálise. Ou seja, em ambos os casos, que

---

[1] G. Guilherault, Psicopatologia da criança, *Dicionário Enciclopédico de Psicanálise*, Kaufmann P. (org.), Jorge Zahar, Rio de Janeiro, 1996, p.99.

[2] Silvia Fendrik, *Ficção das origens*, Artes Médicas, Porto Alegre, 1991.

[3] Marie-Jean Sauret, *O infantil e a estrutura*, Conferências em agosto de 1997, Escola Brasileira de Psicanálise, São Paulo, 1998, p.60.

não são poucos, o atendimento de crianças ocorre desvinculado da formação em psicanálise. Também nas escolas e associações de psicanalistas, a teorização, a partir do atendimento clínico de crianças, está, muitas vezes, numa posição residual ou mesmo exterior à teorização da psicanálise.

É possível observar ainda, insiste Sauret[4], que a teorização, a partir da experiência direta com a criança, cai facilmente na profilaxia ou na ortopedia psicanalítica: perspectiva analítica sob o signo da evolução. Essa mescla de psicologia/psiquiatria/psicanálise, que põe em jogo a criança, obriga os analistas a examinar tais instituições, se não para interferir, ao menos para se ter uma idéia de como o campo social entende o que seja tratar o sujeito. De todo modo, não problematizar essas questões torna os analistas cúmplices da mitologização do indivíduo.

Valeria talvez a pena revirar a questão: será que *o discurso psicanalítico alcança a clínica com crianças?*

Nesse sentido, não é sem interesse considerar as modalidades da observação direta, desenvolvida na clínica médica e psicológica, para constatarmos o quanto podemos ser enredados por essas modalidades de visibilidade quando estamos diante de uma criança. Afinal, a criança nos impõe tamanhas dificuldades de distinção entre Real, Simbólico e Imaginário que, para sair da deriva imposta por uma continuidade indiscernível quanto a esses registros, acabamos por abandonar cedo demais a clínica psicanalítica e recorrer seja à classificação seja à compreensão. O viés do apagamento da singularidade permite constatar tanto a mutação da psicanálise em discurso social quanto a adaptação da vestimenta psicanalítica a esse mesmo discurso. Essas versões de apagamento da singularidade podem ser distinguidas a partir das modalidades em que as manifestações da criança são capturadas e tratadas como fatos particulares. É possível, no entanto, distinguir essas versões de apagamento da singularidade.

---

[4] Idem.

Temos, por um lado, a *versão aplicativa*, que opera a conversão direta da teoria à situação clínica. Servindo-se da teoria como modo de classificação, o clínico estabelece, reparte e hierarquiza a zona de fronteira entre a normalidade e a patologia, alienando a clínica à teoria, à qual se remete ao assumir-se agente metodológico da vigência teórica. Toma, deste modo, a clínica como instrumento de confirmação do já predito pela teoria. Funcionando na posição de emblema de uma suposição de saber, fetichizando a teoria, o clínico desconsidera, em sua prática, qualquer outro fator de eficácia que não o previsto pela teoria. Supondo-se seu representante legítimo, apaga e despreza o que a excede. Nessa perspectiva, a criança só interessa na medida em que assinala o reencontro do já previsto pela teoria.

Por outro lado, ancorado na somatória de concepções teóricas, o clínico enverada pelo viés *multidisciplinar,* supondo operar tratamentos a partir de engates ficcionais de preceitos oriundos da associação da psicanálise às teorias do desenvolvimento. Desconsiderando sua disparidade, produz, imaginariamente, um acordo sustentável unicamente no semblante de teoria que o atributo "multidisciplinar" oferece ao discurso social, em uma clínica da interpretação compreensiva. Nesta linha, o clínico constitui as manifestações da criança com sua compreensão, articulando, por dedução, o que estaria *latente*. A manifestação da criança adquire o poder de evocar sentidos, e o que garante a clínica é a prevalência da intuição. Desconhecendo a dimensão imaginária que a constitui, o clínico referencia, no próprio acréscimo de sentidos que a compreensão oferece, a fuga insistente do sentido, obliterando-o. Assim, tanto na particularização teórica, quanto na universalização do imaginário, abandona-se a interrogação sobre a singularidade das manifestações da criança e escapa-se à ética da psicanálise.

O que há na criança (de) insuportável?

Não por acaso existem soluções: os analistas recusam as crianças porque tomam tempo, exigem cuidados especiais e acarretam incômodos diversos. Mas, vale notar que os psicanalistas que só atendem analistas e analisantes que se dirigem explicitamente à psicanálise e/ou que se dedicam à supervisão, podem acabar por ficar isolados da subjetividade de seu tempo. Nesse caso, Sauret[5] confirma o veredito de Lacan: <<*seria melhor que renunciassem ao exercício da psicanálise>>*.

Fazer trabalhar essas questões é o que a clínica de crianças impõe à formação do analista. Freud constata que a criança concreta sustenta, efetivamente, dificuldades para a psicanálise. Enquanto termo substituível na equação de equivalentes, a criança assume uma *função significante*: que pode ser vertida em todos os sentidos orientados pelo seu efeito, no fantasma do adulto que a ela se dirige ou que dela escapa. Freud abordou a dificuldade implicada no estatuto da criança enquanto representação narcísica dos pais e da cultura; lugar de realização do que os pais não fizeram, lugar de prevenção e da ortopedia rumo ao ideal de civilização. Mas o que permite tantos desdobramentos de sentido nessa articulação do simbólico ao imaginário, permitindo falar de *cúmulo de sentido,* nos deslizamentos infinitos entre o significante e o corpo infantil, é isso que toma assento no *real da criança.*

O estatuto de real da criança também foi bordeado por Freud. E de muitas maneiras. Não apenas ao dizer que a observação de crianças não responde pelo infantil e origina malentendidos, mas ao dizer também que a observação da vida anímica infantil é uma tarefa difícil, que a criança pode tornar-se enigma inabordável, que a criança ensinou-lhe coisas para as quais não estava preparado, que poderia estar muito idoso para ter paciência com elas; paciência, inclusive, para escrever sobre ela. Buscou reparar tal descuido na delegação dessa tarefa à sua criança, a Anna, que representava, então, o futuro da psicanálise[6].

Enfim, se Freud afirma que <<*o anímico é imperecível em seu sentido mais pleno>>* (o que já é dizer, com Lacan, que há aí um *cúmulo de sentido,* que não é senão o *nonsens>>*), de nada adianta buscar apreender-lhe a origem. Não se trata do originário, mas do real. E o real provoca seu desconhecimento, sua negação sistemática.

Se esse real pode ser encoberto ganhando o nome de criança, é preciso considerá-la como a consistência imaginária dada a essa lógica

---

[5] Op. cit., p. 60.

[6] Fiz um estudo pormenorizado destes aspectos no livro: *A criança na clínica psicanalítica,* Rio de Janeiro, Cia de Freud, 1997, pp. 46-64.

temporal de extração de um sujeito a partir da imanência vital, como percurso da posição na estrutura que o precede.

A análise de crianças incide sobre a forma como foi transmitida a estrutura. Trata-se, portanto, de distinguir como a criança cifra sua relação com a alteridade. Situar a criança na estruturação subjetiva exige a hipótese de que *não há insuficiência de linguagem em nenhuma criança, a despeito dos modos como ela se apresenta. Há condições de circulação significante na trajetória lógica de sua estruturação e no aprisionamento a impasses que podem ser gerados nessa trajetória. Abordar a realidade psíquica da criança implicará o recolhimento do tecido significante articulado pelos sentidos, localizando, nele, marcas que balizam sua constituição, para reconhecer as senhas que poderão operar sua leitura.*

A criança é responsável pelos seus sintomas, pois são eles que a constituem como sujeito de sua própria palavra, mesmo que surjam do inconsciente parental. Como diz Martine Lerude[7]: *o sintoma não é um simples parasita vindo instalar-se sobre uma natureza vitoriosa, perfeita.* Mas tratar uma criança implica virar o método analítico ao avesso: emprestar-lhe desejo, significantes e imaginário, para que ela possa experimentar e constatar a possibilidade de sair das determinações do campo da linguagem em que está imersa, através do seu ato de fala. É precisamente isso que se faz necessário nas graves patologias infantis.

O grande problema é que, para causar o trabalho do simbólico pelo qual a castração se realiza, é preciso acolher a criança. As modalidades desse acolhimento são complexas, pois podem implicar a repetição indiferenciada da posição em que ela se oferece. É o que ocorre quando o analista assume a condição de suplência das funções parentais ou pedagógicas, que os pais e outros agentes do discurso social lhe delegam. Trata-se de acolher a criança sem gozar às suas custas e sem se colocar como objeto de seu gozo. Se o analista deve, num primeiro tempo, dispôr-se, para situar as condições nas quais a criança se manifesta por adesão ou por oposição, é para que, num segundo tempo, exerça o ato capaz de engendrar, na criança, a capacidade do exercício de atos que a

---

[7] Martine Lerude, Au bonheur des enfants, La psychanalyse de l'enfant, Paris, Association Freudienne,1992.

inscrevem no laço social. A condição de a clínica analítica operar é a de supor que a criança coincide com um sujeito incomensurável, margem muitas vezes estreita demais no caso de crianças. Que seu sintoma dependa da subjetividade de um outro – sintoma da verdade dos pais, localizando o gozo do casal ou o gozo materno – isso não impede que seja surpreendida e que seja convocada a distinguir-se do gozo que encarna e de sua anuência em encarná-lo.

Mas o analista de crianças produz, muitas vezes, incidências em que não se atêm à lógica da psicanálise. A clínica, então, longe de interrogar a teoria, trabalha, nesse caso, dela desvinculada. Seja por restringir-se a observar as crianças brincarem, seja valendo-se da dimensão da sugestão e do suporte (aconselhamento aos pais ou a via pedagógica), seja ainda por limitar-se a fazer acompanhamentos de crianças, o analista se contenta em fazer uma clínica em que dissipa sua intervenção por meio da inespecificidade. Nesse movimento há um ato, mesmo que esse ato não seja psicanalítico e que possa ser até qualificado de interesse científico. Seu ato surge velado na captura da criança pelo próprio fantasma, ou nos atos da criança em que o analista é capturado pelo fantasma da mesma.

Essa inclusão do analista ou da criança como termo de uma constelação fantasmática é circunstância bastante corriqueira na clínica de crianças. Muitos são os analistas que se conduzem posicionados como *especialistas em suplência,* a partir da função que atribuem à maternidade e à paternidade. Guiados por seus próprios ideais, realizam, na clínica, a orientação rumo à boa família e à boa educação das crianças; a partir de sua própria mitologia, efetivando a aderência da psicanálise às práticas médicas e pedagógicas. Muitos são os que se servem da oposição taxativa ao discurso médico-psicológico, sem, entretanto, nele incidir, em nome do *segredo ético* com que se impõem o silêncio, implicando o que Lacan[8] diz: *os analistas não dizem o que a prática analítica opera, para nada quererem saber de seu ato, que lhes causa horror.* Enfim, esse real que está em jogo na formação do analista, e que só a explicitação de suas operações clínicas pode abordar na transmissão do caso, é privilegiadamente incidente na clínica com crianças.

---

[8] Jacques Lacan, Proposición del 9 octobre sobre el psicoanalista de la Escuela, *Momentos cruciales de la experiencia analítica,* Buenos Aires, Manantial, 1987.

APRESENTAÇÃO   15

O que há, na criança, de insuportável?

As questões se repetem, insistem. A clínica de crianças impõe ao analista o real de seu gozo, diz Sauret[9], convocado pelo reencontro da criança. Criança de que não podemos mais nos lembrar, criança da qual não podemos nos separar e que recalcamos, para efetuar uma neurose. Analisar uma criança concreta, que nos parece um fluxo, contínuo e indistinto RSI, implica o reencontro do real do gozo irredutível do sujeito: o infantil imperecível que repete seu traço no fantasma, como objeção ao saber.

A criança, portanto, captura imediatamente o que há de mais singular no analista, porque ela convoca o seu fantasma. Não é por acaso que a produção de sentidos em que o imaginário do clínico rola como um barril — para encobrir o lugar em que a criança comparece no furo do analista, ou na codificação da patologia psiquiátrica-neurológica em que ela é contida — seja um dos meios com o qual se contorna o atendimento da criança. Não é sem motivo que a criança mobilize com tanto vigor a *resistência à psicanálise* e mesmo a *resistência da psicanálise.* No tratamento de crianças, portanto, o desejo do analista também não é anônimo. É porque temos tanto a fobia da clínica, resolvida com o recurso à teorização, quanto o fascínio por ela, em que não há lugar para interrogar a teoria, como diz Jean Bergès[10].

Parece-me que, para além da análise, já que só ela o permite, a interrogação que o real da clínica é capaz de fazer à teoria é o que pode permitir o bem-dizer sobre a criança e ultrapassar o ponto de deriva ou de contenção que ela promove, também na psicanálise.

Assim, a clínica psicanalítica com crianças continua interrogada, e naquilo mesmo que podemos aprender do ponto de embate entre Anna e Melanie. A condição de estrutura que põe em funcionamento modalidades de amarração e de desamarração do Real, do Simbólico e do Imaginário impõe particularidades às condições que tornam possível uma interpretação. Muitas vezes, essas condições não se fazem sem o emprés-

---

[9] Op. cit. p.62.

[10] Jean Bergès, La carte forcée de la clinique, Le discours psychanalytique, Paris, Association Freudienne, 1990.

timo do imaginário do analista, e sem que a criança se aloque na sua própria versão paterna. Não há anonimato aí. Sem tais condições, não há como ler as cifras da criança. Sem considerar sua incidência, não há como distinguir a criança sujeito, não há como operar um dizer que permita à criança ler e transliterar suas próprias letras, para desarrimar o gozo.

As várias experiências de atendimento psicanalítico a crianças, nas contingências que as graves psicopatologias lhes impõem, constatam que a circunscrição da criança ao limite da clínica psicanalítica é, ao mesmo tempo, *condição necessária* para que ela opere deslocamentos lógicos estruturais de posição nos registros Real, Simbólico e Imaginário, e *restrição contingente* para abarcar toda a rede de urgências que o próprio processo de estruturação exige desdobrar. Várias são as conseqüências desse limite. Tentaremos, neste livro, seguir seus trilhamentos.

Trata-se aqui de crianças que não estão localizadas na função da fala. Algumas diferenciações mínimas entre circunstâncias que o explicitem serão aqui delineadas:

- Sua posição no circuito social só lhes permite tomar como homogêneos o campo da linguagem e o espaço indiscernível em que estão mergulhadas;
- Podendo distinguir e mesmo privilegiar enunciados no campo da linguagem, tais crianças estão impedidas de proferir uma enunciação pela qual - sincronicamente – alienam-se e se destacam da rede significante.
- Sendo assimiladas ao intervalo em que a alteridade aloca sua própria falta, essas crianças a encarnam, coladas à hiância que as debiliza ou as constringe à condição de morbidade.

O empecilho ao atendimento analítico dessas crianças é que o desdobramento de suas experiências no discurso social apenas reproduz essas posições, resgatando a mesma modalidade de exclusão a que estão submetidas, já que, ao menos aparentemente, só ao se alocarem nesse lugar, elas conduzem a rede significante, a elas dirigida pelo Outro, a tomá-las em uma mesma posição. Assim, como diz Alfredo Jerusalinsky[11], a criança

---

[11] Em comunicação pessoal, São Paulo, 1999.

APRESENTAÇÃO 17

recebe diretamente e acata, sem inverter, a demanda de exclusão a ela dirigida. A questão que se coloca é: *como deslocá-la desta posição? como convocá-la a sair da passividade de suportar a posição real em que se insere e em que o Outro a insere? Como demandar-lhe que faça o real ao invés de sofrê-lo?*

Um dos efeitos decorrentes dos limites das circunstâncias da clínica analítica com essas crianças é que os analistas, muitas vezes, vêem-se obrigados a intervenções de outras ordens que não a do ato propriamente analítico, produzindo as ditas *adaptações da técnica,* que escapam ao escopo da psicanálise. Escapam, não apenas porque estejam necessariamente conduzidas por outro discurso ou mesmo pelo próprio fantasma do analista, mas pela intensa exposição ao indizível do real a que o analista está, nessas circunstâncias, submetido. Como conseqüência, observamos que as urgências com que esses pacientes convocam o analista configuram-se como limite. Limite ao contraponto que a clínica deveria fazer à teorização, por meio da diacronia que faria retorno à lógica da criança e que permitiu sua intervenção no *a posteriori* de sua incisão.

Muitas vezes, encontramos analistas tão siderados pela clínica que chegam a encarnar uma posição disléxica e afásica, em relação ao que se passa com a criança. A criança, imersa no real, conduz o analista a tal sideração, exposto à irrepresável eclosão de significantes não endereçados, num tempo não dialetizável, sem pulsação. A inibição provocada no analista é, muitas vezes, patente. Mas, oferecer testemunho do seu encontro com o real, recuperando as modalidades da incidência desse real no simbólico, é exigência para a inscrição da criança no discurso social. Como diz Michèle Faivre-Jussiaux[12], a despeito da necessidade de um diagnóstico que oriente a direção do tratamento, é apenas no *caso* que o analista mostra a não coincidência entre cada paciente e uma estrutura patológica já estabelecida. Afinal, em sua singularidade, as crianças apresentam a freqüente reversibilidade de posição em relação à fixidez das estruturas, esclarecendo que passam, ultrapassam e atravessam quadros distintos. Apenas na sua transmissão, o analista aponta o ângulo a partir do qual o laço transferencial da criança e o desejo do analista incidiram

---

[12] Michèle Faivre-Jussiaux: *L'enfant lumière: Itinéraire psychanalytique d'un enfant bizarre,* Editions Payot Rivages, Paris, 1995,pp.14-19.

nesses deslocamentos, testemunhando a diferença radical que exclui a criança de qualquer laço social.

A "insubmissão" da criança à psicanálise é, de fato, uma resistência da psicanálise. A criança vem apontar, nesse lugar de objeto, uma resistência NA psicanálise – resistência que é mais que um conceito "aplicável" ao analisando ou ao analista – é a própria psicanálise que precisa dispôr-se à clínica com crianças e, assim, estar ao alcance delas. Nesse sentido, o psicanalista é, por vezes, intimado a ocupar lugar de Outro primordial, ou mesmo o lugar de secretário. Essa mudança de posição – temida, evitada, obliterada, angustiada, mal tratada, tomada como impossível, viria de fato revirar a psicanálise.

Ocupar a posição de analista com crianças coloca a ética da psicanálise em jogo porque, nesse caso, a responsabilidade é outra – trata-se da diferença entre estruturas "resolvidas", e o fato de considerar, na criança, essa "não resolução". Se a estrutura não está resolvida, há chance de uma re-solução. O analista vai agir sobre o NÃO – trata-se de uma estruturação incompleta, ou de uma estruturação inacabada, ou de uma estruturação em que terá havido um lapso – o que é algo mais que fazer o analisando trabalhar na decifração...

Uma das finalidades da experiência psicanalítica, lembra Faivre-Jussiaux[13], é desvendar o lugar do analista na aventura singular, cuja causa ele suporta e, ao mesmo tempo, o destitui, fazendo dele, um outro. Que esse real se torne legível é, ao mesmo tempo, o desejo do analista e a aposta da transmissão do caso. Fracassar nessa tarefa situa o analista, juntamente com a criança, fora do discurso.

Assim, a perspectiva que o lugar da criança assume, na formação dos analistas, vai além da clínica. Trata-se de analisar como o campo discursivo concebe e trata a subjetivação, e de, também, interrogar a teoria psicanalítica com o caso clínico, para sustentar o gesto freudiano da descoberta do inconsciente. Trata-se, ainda, de oferecer, aos que se interessam pelo discurso psicanalítico, o testemunho da clínica com crianças, expondo-o à refutação. É esta a aposta deste livro.

---

[13] idem, pp. 20-21.

I
Da holófrase e seus destinos

O texto de Jacques Lacan[1] sobre as operações de causação do sujeito é aqui retomado, na medida em que ele nos permite repensar as graves psicopatologias da criança pequena. Talvez possamos, a partir do esboço dessa perspectiva traçada por Lacan, reconhecer como a clínica, em cada caso, pode diferenciar manifestações de uma inscrição subjetiva num ser, e, conseqüentemente, como aquele que é agente da clínica pode dar um passo além de uma tipologia descritiva, para situar o lugar desde o qual deve incidir.

Assim, na primeira parte, tentarei esclarecer a leitura que faço das operações lógicas de alienação e separação, contando com a elaboração de outros autores para, em seguida, tentar fazer trabalhar esses conceitos, desdobrando-os. Pela via de alguns fragmentos clínicos, apontarei, ainda, alguns dos impasses da esquematização dessas operações, e a *forçagem* que pode permitir sua efetuação. Desta maneira, estarei também discutindo a intervenção do analista na constituição do sujeito, tarefa que nos confronta ao limite da capacidade operatória da psicanálise e a direção do tratamento, nas condições que o autismo, as psicoses, a debilidade, o déficit orgânico e as lesões imaginárias impõem a crianças que se situam no limbo entre o ser vivo e o sujeito.

---

[1] Jacques Lacan (1964): *Os quatro conceitos fundamentais da psicanálise*, O Seminário, Livro 11, capítulos:XIII à XII, Rio de Janeiro, Jorge Zahar: 1985.

1 - Uma construção necessária:

Para esclarecer as relações entre o ser vivo e a linguagem, é necessário circunscrever algumas articulações teóricas que situam a especificidade com que a linguagem perverte a natureza do ser. A sistematização elaborada por Contardo Calligaris[2] permite essa abordagem, desde a consideração do *princípio mínimo do funcionamento da linguagem* até o *atamento do fantasma*.

É um equívoco considerar que o "Sujeito" com o qual a psicanálise opera é uma substância individual, sujeito psicológico. O Sujeito é o efeito da divisão própria ao funcionamento da linguagem, portanto, não pré-existe a ela.

> *<< o que se enuncia espera sempre sua significação de algum lugar, de um enunciado a mais e, até mesmo, em última instância, da linguagem "em seu todo". O que é desagradável é que não há linguagem "em seu todo", de tal forma que a significação de um enunciado está sempre suspensa a um alhures que – não podendo ser a totalidade acabada da cadeia dos enunciados – é sempre uma cadeia incompleta que suspende, por sua vez, sua própria significação a um terceiro enunciado ainda, e assim indefinidamente. >>[3]*

Desta perspectiva, o desejo é o traço do funcionamento da linguagem, no qual a cadeia de significantes *espera* uma significação. Assim, antes que haja um desejo distinguido por um sujeito a ele suposto,

> *<< na nebulosa da falação que se debulha desde sempre pelo mundo, produz-se desejo, independentemente das intenções particulares, sejam elas inconfessadas, de qualquer indivíduo que seja. >>[4]*

A espera de significação é espera de que o querer dizer receba uma enunciação *a mais* que o signifique, de onde se conclui que *<<lá onde isso fala, isso não sabe o que isso diz.>>* e que, *<<se isso fala, isso quer>>*.

---

[2] Contardo Calligaris, *Hipótese sobre o fantasma na cura psicanalítica*, Porto Alegre, Artes Médicas, 1986,pp.17-40.

[3] Idem, p.22.

[4] idem, pp.21-2.

A definição de significante proposta por Lacan: <<*um significante representa um Sujeito para outro significante*>> *(S1→$→S2,)* situa que *desejo* é a radicalização desse *querer néscio* que excede o princípio mínimo da divisão entre um enunciado e sua significação, divisão própria ao funcionamento da linguagem.

> <<*Esta fórmula radicaliza nosso princípio mínimo, acrescentando que, para além da divisão entre um enunciado e sua significação, a existência mesma de um enunciado, sua unidade morfológica de significante (S1), independentemente de seu sentido, só se dá para um outro significante (S2), quer dizer, por retroação deste último.*

> *O acréscimo em questão é capital para nós, pois o surgimento do desejo na linguagem não está ligado a uma divisão de um querer com sua significação, mas à subordinação da existência mesma de um significante à cadeia que o faz existir. [...]um enunciado só existe, só se destaca como um (S1), em relação a uma cadeia[...] Em suma, se na linguagem encontramos desejo, não é unicamente porque todo enunciado (e, portanto, todo querer) está separado de sua significação, mas, de forma mais radical, porque um enunciado só é um, materialmente, com sua separação da cadeia indefinida que o faz existir.[...] O desejo é o efeito da divisão operando na linguagem, antes que um enunciador situável dote as palavras de uma presumida intenção.[...] É por um tal efeito de divisão de linguagem que um Sujeito é, "em seguida", ao menos suposto, mas um Sujeito que não tem nada em comum com nossos semelhantes. Desses, ele se distingue justamente por ser o atributo de um desejo que é o efeito do funcionamento da linguagem: nesse sentido, esse Sujeito é o produto e jamais o produtor do enunciado de seu desejo.*>>[5]

A linguagem é tudo de que a criança dispõe inicialmente para concernir-se; antes de poder contar ou reconhecer os outros que a precedem. A criança imputa à falação, em que está imersa, um querer a ela dirigido e tenta localizar esse querer na sua escalada subjetiva. Só num tempo logicamente segundo, este ser, que será falante, suporá um Sujeito de um tal desejo:

> << [...] *existe primeiro desejo na linguagem e, "em seguida", um desejo que se determina quando um Sujeito lhe é suposto. [...] a linguagem é o*

---

[5] Idem, p.23.

campo do Outro no sentido em que o Outro, isto é – um Sujeito que se supõe no desejo que se produz nesse campo – aí aparece.>>[6]

No que é do desejo não entra em cena um outro, um eu, ou um sujeito psicológico. É sempre o Outro, o Sujeito Outro que é suposto ao desejo.

> *<<[...] já que só é questão de desejo como efeito da divisão na linguagem, seria insensato falar do "desejo de um sujeito", a não ser que designemos assim o desejo do Sujeito que cada um supõe eventualmente e imagina como seu Outro, quer dizer, como o Sujeito do desejo surgido no campo da linguagem e pelo qual cada um se pretende concernido. [...] o Sujeito do desejo que {o ser falante} acreditava servir não é senão um atributo desse desejo, e, quanto a esse, descobri-lo assim como um efeito de um enunciado, que fez existir uma lógica significante, é suficiente para colocar radicalmente em questão não apenas o sentido, mas a necessidade mesma de sua determinação.>>*[7]

Falta na linguagem a palavra que traria sua própria significação e para a qual não seria necessária outra palavra qualquer que a veiculasse. A razão lógica que faz com que um significante produza desejo é uma lógica a respeito da qual só se podem indicar suas operações (condensação e deslocamento), não seus axiomas, pois, para cada um, ela estabelece singularmente uma necessidade abstrata. Tal lógica obedece a uma necessidade estranha ao sentido, por isso, o campo do Outro é um *lençol de linguagem,* onde um ser encontra desejo nos delineamentos imaginários, que se desenham por proximidade ao lugar onde, na linguagem, ele encontra desejo.

Se o ser falante se concebe como efeito de uma história, isto se deve a um modo de recalcamento que privilegia o sentido. Assim, cada ser falante se engana quando encontra desejo e confunde-o com o querer de seus semelhantes: o desejo é apenas efeito de falações daqueles que não sabem o que dizem, o desejo é sempre de um Outro.

---

[6] Idem, p. 21.

[7] Idem, p.24.

O ser vivo é forçado a *se fazer* com o que há de desejante na linguagem, já que, sem ela, sua única alternativa é a morte. O Outro é este monstro imaginário criado para dar corpo ao Sujeito suposto a um desejo que só é efeito da linguagem. Uma imagem surge para fazer com que um corpo seja uma oferenda, mesmo que pouco homogênea, ao que lhe é totalmente heterogêneo: um efeito da linguagem.

> <<*Um significante (S1) faria do desejo no Outro o fato de um sujeito Outro, antes mesmo que esse sujeito tome corpo e que, com isso, o objeto que lhe é ofertado se determine.[...] o objeto é "alguma coisa", [...] um nada.[...] {é} antes a posição do objeto ofertado ao desejo do Outro antes de qualquer determinação desse objeto e desse desejo, tal como uma falta imaginária sobre um corpo poderia representá-lo.[...] O fantasma se ata no encontro dessa experiência, para criar homogeneidade entre o desejo no Outro (fato de linguagem) e o corpo daquele que se pretende concernido por ele; isto com o propósito de trazer para o Outro sua completude, e mesmo produzir o seu gozo, o que requer de imediato que o Outro seja, e que seja um corpo. [...]O ser falante persegue sempre um gozo, o do Outro;[...] a sexualidade do ser falante se sustenta do único projeto de produzir esse gozo impossível. Esse projeto o vota primeiramente a dar-se um sujeito Outro e a dotar esse Outro de um corpo para fazer gozar, que seja suficientemente homogêneo ao seu, para poder oferecer sua própria carne ao gozo esperado. Ora, resolver a heterogeneidade entre um desejo indeterminado, puro efeito da divisão da linguagem, e um corpo, não é outra coisa senão a função imaginária da castração (Lacan a escreve -φ), que transforma o efeito da divisão própria da linguagem em falta ou em amputação de um corpo.>>[8]*.

2 – Alienação e Separação:

A alienação e a separação são os operadores derivados da lógica formal, que foram destacados por Jacques Lacan, por serem capazes de nos permitir deduzir as duas operações constituintes do sujeito, ou seja, operações que classificam o sujeito em sua dependência significante ao lugar do Outro.

---

[8] Idem, pp.28-9.

Assim, recorrendo à lógica da reunião e da interseção, ele ultrapassa a restrição que as operações do funcionamento lingüístico – a metonímia e a metáfora – impunham à demonstração do efeito da linguagem no ser vivo, efeito produtor do movimento pulsional de que a estruturação do ser vivo em sujeito falante depende necessariamente.

Do enxame significante produzido no campo do Outro, em que o ser vivo está imerso, surge o *lugar prévio* do sujeito como efeito da linguagem. Mas, nesse lugar, esse sujeito só funcionaria como significante petrificado pelo mesmo movimento com que é chamado a funcionar como sujeito, uma vez que sua condição de ser desaparece, é anulada pelo que ele se torna para um Outro. Desse modo, o acasalamento de significantes primeiramente localiza o representante representativo do sujeito, num desvanescimento constitutivo dessa identificação, na medida em que o primeiro significante surge no campo do Outro e representa o sujeito para um outro significante do arsenal do Outro, produzindo, por esse efeito, o apagamento do fluxo vital do ser.

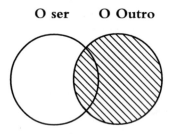

Assim, a *alienação* se suporta pela *forma lógica da reunião*: entre o ser e o sentido induzido pela função significante, o sujeito subsiste decepado dessa parte de não-senso do ser. A separação, ou seja, o resto da operação de alienação, é aquilo pelo que o sujeito é efeito da fala, na qual ele encontra a via que reverte a alienação.

O sujeito acha o ponto fraco do casal primitivo da articulação significante com que o agente do Outro o localiza. Acabando com a

DA HOLÓFRASE E SEUS DESTINOS

circularidade da sua relação ao Outro materno, o pequeno sujeito opera uma torção essencial. O desejo oferecido ao balizamento do sujeito na experiência do discurso sustentado pela mãe tem vigência no intervalo entre esses dois significantes: intervalo em que o próprio desejo do agente materno está para além ou para aquém do que ela diz, do que ela intima, do que ela faz surgir como sentido, no que seu desejo lhe é desconhecido. Nesse ponto de falta constitui-se o sujeito, efeito da fala.

A separação surge do recobrimento de duas faltas. O sujeito encontra uma falta no Outro, na intimação que o Outro, por seu discurso, lhe faz. Nos intervalos do discurso do Outro, há cortes entre os significantes, cortes que fazem parte da própria estrutura do significante. É daí que desliza o desejo do Outro, apreendido pelo sujeito naquilo que não cola, nas faltas do discurso do Outro, apresentando o enigma do desejo do Outro. Para responder a isso, o sujeito traz a falta antecedente do próprio desaparecimento de seu ser, que ele vem agora situar no ponto da falta do Outro. Portanto, desde que esteja concernido pelo campo da linguagem, o primeiro objeto que propõe a esse desejo materno, cujo objeto é desconhecido, é sua própria perda, ou seja, antes de qualquer determinação desse objeto e desse desejo, surge na experiência da criança: *isso me concerne, mas o que isso quer? Isso pode me perder?* A fantasia de seu desaparecimento é o primeiro objeto que o sujeito tem a pôr em jogo nessa dialética. Uma falta recobre a outra, numa dialética que faz a junção do desejo do sujeito com o desejo do Outro. É uma falta engendrada pelo tempo precedente que serve para responder à falta suscitada pelo tempo seguinte.

Separado de seu lugar prévio – a cadeia significante, o sujeito deixa de estar ligado ao sentido que constitui o essencial da alienação. Nesse campo, o que faz função é o *objeto a*, elemento não significante que tampona o intervalo significante, objeto indeglutível, atravessado entre os significantes. Nesse ponto de falta, o sujeito, efeito do significante, articula-se ao elemento não significante. Aí o sujeito representa sua parte e joga sua partida na separação, *engendrando-se*, pondo-se no funcionamento da linguagem.

Como podemos constatar, a separação se suporta pela forma lógica da interseção, ou seja, é constituída pelos elementos que são comuns ao sujeito e ao Outro[9]: a falta no Outro, aquilo que é impossível à linguagem, ou seja, o desejo, presença de algo que falta na articulação significante, que desliza na fala, mas que ela não pode capturar. O sujeito também é falta, pois foi amputado de seu ser.

O ser (o sujeito)   O Outro (o sentido)

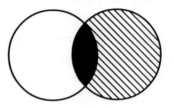

Nessa interseção, há, portanto, a superposição de duas faltas: falta do desejo (do Outro) e o ser perdido do sujeito: o sujeito encontra na falta do Outro o equivalente ao que ele é como sujeito do significante.

3 – A alienação, a separação ... e a holófrase:

Há modos distintos de *se fazer* com a linguagem.

Basta que a criança constate que esse desejo indeterminado da linguagem lhe diz respeito: que ela não é nada sem essa escolha, que não é nada por causa dessa escolha, que o Outro pode querer perdê-la (inaugurando a atitude sacrificial própria do fantasma, mas que só pode ser enunciada depois que o sujeito opera a desmontagem do fantasma já constituído).

Nessa lógica do *fazer-se com a linguagem*, pode haver renúncias e fracassos. Assim, temos crianças que não falam, que não brincam, que não se submetem ou que estão sob efeitos inespecíficos de distúrbios orgânicos; que nos interrogam, forçando-nos a considerar o modo pelo qual o sujeito, como efeito (e não uma substância) da linguagem e da fala,

---

[9] Cf. Colette Soler: O sujeito e o Outro II, em: Feldstein R., Fink B. e Jaanus, M. (orgs), *Para ler o seminário 11 de Lacan*, Rio de Janeiro, Jorge Zahar, 1997, pp.63-64.

está ligado ao ser vivo, como diz Colette Soler[10]; ou seja, como um *sujeito insubstancial da fala* está ligado à *única substância em jogo na psicanálise: o gozo.*

A estruturação do *infans* em *falante* implica *mudar algo na substância de gozo do ser operando com a linguagem, que não tem substância.* As operações de alienação e de separação nos ensinam que o sujeito do inconsciente nasce nessa incidência do Real sobre o Simbólico, ou seja, no destacamento do intervalo vazio entre os significantes, onde a criança reencontra sua perda de ser na incompletude do Outro; na interseção que baliza o sujeito no intervalo entre significantes, a partir do qual a metonímia do desejo se põe em perspectiva. A perda que afeta o sujeito e o Outro permite a subtração de gozo com a coisa e intimam ao desejo, que vem do Outro.

Por outro lado, as operações de alienação e de separação permitem-nos supor que os modos de não-subjetivação plena distinguem-se pelo estatuto da resposta que a criança encontra para a questão: <<*o que isso quer? Pode perder-me?*>> ou seja, nos modos pelos quais a criança é conduzida, pelo Outro primordial, a localizar uma posição desde a qual ela se situa em relação ao Outro.

Lacan diz que:

> *"quando não há intervalo entre S1 e S2, quando a primeira dupla de significantes se solidifica, se holofraseia, temos uma série de casos – ainda que, em cada um, o sujeito não ocupe o mesmo lugar"*[11].

Ele depreende dai, a *série de casos.*

Psicose ≅ Debilidade ≅ Fenômenos Psicossomáticos

Com Jean-Paul Gilson[12] acrescentamos o Autismo a essa série, considerando que, também no Autismo há entrada do sujeito na linguagem, como suas manifestações holofrásicas atestam. Portanto:

---

[10] Colette Soler, opus cit, p.57.

[11] Jacques Lacan, opus cit., p.225. A consideração de uma língua inteiramente holofraseada interrompe o uso da noção de holófrase. Para J-A Miller, depois do Seminário XI, o novo nome da holófrase é Um, S1 sozinho. Cf. Éric Laurent, O gozo do débil , em *A criança no discurso analítico*, Judith Miller (org.), Rio de Janeiro, Jorge Zahar ,1991, p.132.

[12] Em Conferência pronunciada no Encontro: Autismo e Psicose, realizado pela Escola Lacaniana de Vitória, em Junho de 1999.

Autismo ≅ Psicose ≅ Debilidade ≅ Fenômenos Psicossomáticos

Se podemos constatar as distinções entre cada um dos elementos dessa série, há que se considerar as modalidades nas quais o Outro incide e ganha estatuto para o ser. A partir do princípio mínimo da estrutura significante da linguagem, em que o sujeito é representado de um significante para outro significante (S1→$\not{S}$→S2), esse funcionamento significante, que distingue a condição de o sujeito ser representado, indica que a existência da holófrase implica a inexistência de um sujeito dividido pelo significante, pois o significante (S2), que permitiria sua representação a partir de um significante (S1), comparece de um modo singular. Essa série aponta, todavia, que a intrusão do *lençol da linguagem* no ser faz marca – risco no ser que risca o vir-a-ser sujeito, porque é ilegível, porque o que o beira é o deserto e não a *água da linguagem que atravessa uma peneira e deixa algo na passagem*[13], porque esse traço, que inscreveria o sujeito, está desarrimado de uma série significante qualquer, *alguns detritos com os quais a criança vai brincar*[14]. A lógica da *alienação* ao campo da linguagem, e seu resto, a *separação* que permite a função da fala, mostra, na holófrase, que as operações de *alienação* e de *separação* podem ser disjuntas, já que a separação pode, aí, não ter incidido.

3.1. Sobre a noção de holófrase:

O destino que Lacan dá ao termo holófrase implica torções, por ele operadas, sobre essa noção lingüística, em distintos momentos de sua obra. Essa noção é inicialmente abordada por Lacan no Seminário I (Os escritos técnicos de Freud), e reutilizada no Seminário VI (O desejo e sua interpretação), até que o substantivo holófrase é, no Seminário XI, transformado em forma verbal, e, assim, distinguido de toda contingência fenomênica, para ser forjado como termo de uma estrutura. Alexandre

---

[13] Jacques Lacan, Conferência em Genebra sobre o sintoma, *Opção Lacaniana*, Eolia, São Paulo, 1998, p.11.

[14] idem, p.11.

DA HOLÓFRASE E SEUS DESTINOS

Stevens[15] nos oferece um excelente escrito sobre esse trabalho conceitual de Lacan. Seguiremos, neste item, a argumentação do autor.

Antes que o substantivo *holófrase* apareça, o adjetivo *holofrásico* comparece na literatura, em 1866, como termo da gramática. Refere-se a línguas holofrásicas em que a frase inteira (sujeito, verbo, regime e mesmo incidente) está aglutinada como uma só palavra. A noção que esse termo recobre aparece em contextos diferentes mas associados: nos ensaios de uma tipologia das línguas, nas teorias românticas da origem da linguagem e no contexto psicológico que articula o primitivo, a origem e a criança.

A lingüística histórica e comparativa buscou, no século XIX, a classificação das línguas. Construíram-se tipologias determinadas pelo nível de descrição e pelo critério (fonético, gramatical, semântico, genético), escolhido para determiná-las. Assim, Von Humboldt estabeleceu, numa de suas tipologias, uma tripartição fundada sobre a estrutura predominante da palavra enquanto unidade gramatical, distinguindo *línguas isolantes* (chinês e conexas), *línguas flexionais* (indo-européias e semíticas) e *línguas aglutinantes* (todas as outras). A holófrase se inscreve entre estas últimas, em que as palavras-frases seriam constituídas por aglutinação de morfemas, cuja tradução seria representada nas línguas mais conhecidas por palavras separadas. Mecanismos de aglutinação (prefixos e sufixos se ligam à raiz para formar novas palavras lexicalizadas) e mecanismos de incorporação (funções gramaticais e semânticas justapostas) estariam na base da holófrase: a palavra-frase é amálgama constituído de elementos não perfeitamente lexicalizados, só tendo sua significação no amálgama em que são tomados. G. Guillaume desenvolveu essa perspectiva, mostrando haver, na holófrase, um antecedente lógico da apreensão frásica sobre a apreensão lexical.

Na constituição da lingüística científica, as tipologias são abandonadas: Saussure contesta a pertinência da tipologia considerando que nenhuma família de línguas pertence, de direito e de uma vez por todas a uma tipologia; que nenhum caráter é permanente de direito, podendo

---

[15] Alexandre Stevens, L'holophrase, entre psychose et psychosomatique, *Ornicar?*, Paris, Champ freudien, no. 42, 1987, pp.45-79.

persistir por acaso. Benveniste sublinha a não identidade de estrutura e o parentesco genético entre línguas, já que há traços comuns entre uma língua indígena e o indo-europeu. Jakobson observa a possibilidade de destacar as formas fundamentais de "possíveis lingüísticos", sem necessariamente agrupar línguas em tipos.

Nos anos 40, G. Guillaume (que parece ter sido a referência de Lacan a propósito da holófrase) reconstrói uma tipologia com bases novas, por meio de uma oposição que permitiria definir certos estados da linguagem. Trata-se da oposição entre a *apreensão lexical* (ou seja, a palavra pertence ao código e pode exportar sua significação, quando é deslocada a outras posições no ordenamento sintático) e a *apreensão frásica* (percepção da unidade da frase com enlaçamento da significação que ela comporta). Nessa perspectiva, a holófrase corresponderia a um momento em que a apreensão frásica e a apreensão lexical se confundiriam, ou seja, a apreensão frásica seria logicamente primeira. Nos anos 50, Guillaume particulariza, com os mesmos fundamentos tipológicos, áreas lingüísticas. A *área prima* corresponde ao homem lingüístico no.1, aquele da holófrase, que seria definida como ato de linguagem no qual o ato de representação (a língua) e o ato de expressão coincidiriam.

No que se refere à origem da linguagem, as especulações desenvolvidas no século XVIII não se fundavam sobre os elementos da estrutura interna das línguas efetivamente faladas, nem sobre a comparação entre esses elementos em diversas línguas. Assim, para Condilac e Rousseau, a fonte da linguagem seriam os gestos dêiticos e imitativos e os gritos naturais. O elemento fônico teria ganho preponderância devido à pouca eficácia dos gestos. Assim, a linguagem teria origem na onomatopéia, no canto e na força das paixões. Já no século XIX, Lamark e Darwin consideraram o desenvolvimento de gritos expressivos animais sob forma de interjeições humanas, e imitações de barulhos da natureza sob a forma de onomatopéias. Assim, as teorias evolucionistas buscaram comparar estruturas e elementos, tentando explicar o passo do animal ao homem, para reconstruir o elo faltante no evolucionismo. Desse ponto de vista, a linguagem teria natureza instintiva, em continuidade com a expressão inata das emoções. Nesse contexto, a holófrase é evocada por muitas teorias sobre a origem da linguagem, fazendo parte do projeto romântico de reconciliação da natureza com a cultura. A holófrase apontaria o estágio intermediário entre o grito expressivo animal e a linguagem humana, destacada pela percepção de uma situação global à qual um signo seria associado, e cujo sentido seria dado por essa situação tomada no seu conjunto. Tal signo seria, ao mesmo tempo, natural e cultural. Muitos lingüistas reconheceram esse estágio holofrásico na linguagem da criança, na qual onomatopéias, interjeições, esforços musculares e o canto adquiririam sua significação devido à situação de conjunto.

No Seminário I (1953-4), Lacan é bastante enfático ao se opor à perspectiva de considerar uma continuidade entre o animal e o humano. Ele constata que o imaginário animal não faz significante, ou seja, o domínio simbólico não está numa relação de simples sucessão com o domínio imaginário: não há continuidade entre eles. Não há transição, não há ponto de junção entre o envisgamento imaginário — a situação total não estruturada — e a descontinuidade que a dimensão simbólica introduz. A adequação imaginária só tem pertinência no animal. No homem, a inadequação imaginária destaca-se justamente pelo fato de o plano imaginário ser determinado pelo campo simbólico.

Essa impossibilidade lógica de um salto entre o imaginário e o simbólico sustém a passagem sobre a holófrase. Ela não é, para Lacan, uma passagem entre o grito animal e o significante da linguagem: se o grito animal toma uma função particular em relação à imagem, longe de se misturar ao mundo do símbolo, é cativado pela situação real. A palavra não substitui a coisa. Ela a funda, torna-a presente sob o fundo da ausência, ela a transforma. O símbolo só vale organizado num mundo de símbolos, como parte da significação determinada pela relação de oposição entre significantes. Assim, Lacan inverte a problemática da origem. Ele dirá que, na origem, há a regra do jogo, a ordem simbólica, de onde as outras ordens imaginária e real tomam seu lugar e se ordenam.

Portanto, só se pode dar valor à holófrase num tecido simbólico existente. As holófrases são frases ou expressões independentemente de terem ou não estrutura sintática, já que são tomadas numa estrutura de linguagem. O que importa nelas é seu caráter não decomponível. Trata-se de alguma coisa em que isso que é do registro da composição simbólica é definido no limite, na periferia. A holófrase se ata a situações limites, em que o sujeito está suspenso a uma relação imaginária ao outro, num estado de inter-olhar, já tomado num elemento de intersubjetividade. Temos, portanto, uma zona intermediária entre simbólico e imaginário, mas o lugar dado à holófrase é fundado no campo simbólico da oposição significante, a despeito da prevalência dada ao campo imaginário da relação especular da intersubjetividade imaginária do inter-olhar.

No Seminário VI (1958-9), Lacan permite situar a função da holófrase como paradigma da unidade da frase, na medida em que código e mensagem encontram-se colados. A articulação da frase é o próprio sujeito que, nesse momento, é necessidade deformada pelo significante. Nesse nível, o sujeito constitui esse *monolito*: necessidade torcida em demanda.

> <<*As necessidades subordinam-se às mesmas condições convencionais que são próprias do significante em seu duplo registro – sincrônico, de oposição entre elementos irredutíveis, e diacrônico, de substituição e de combinação – pelas quais a linguagem, se certamente não preenche tudo, estrutura a totalidade da relação inter-humana*>>[16]

Para Lacan, o significante, por mais solidificado que seja, não se reduz ao instintual. Mesmo que aquilo que se escuta seja tão pouco discursivo quanto uma interjeição, ela não é, por isso, menos discursiva. Uma interjeição não é um grito expressivo, ela é da ordem da linguagem. É parte do discurso que não o cede a nenhuma outro ordem pelos efeitos de sintaxe numa língua determinada.

Na holófrase, o sujeito não se conta porque está identificado e solidificado no significante holofrásico. Ele constitui, com esse significante, um monolito: o sujeito se reduz a um emissor gritando. A pura articulação da frase é suficiente para constituir esse sujeito elementar, porque ele já está incluído nessa articulação e é, dela, indissociável. O sujeito não se anuncia, é a holófrase que o anuncia suficientemente.

Pode-se, portanto, notar que sobre a consideração lingüística da holófrase como amálgama do código e da mensagem, Lacan opera, no

---

[16] Jacques Lacan (1958), A direção da cura e os princípios de seu poder, *Escritos*, Rio de Janeiro, Zahar, 1998, p.625.

Seminário IV, um deslizamento: a holófrase é o monolito em que o Sujeito se iguala à mensagem; ele não se conta, é pré-contado na frase não redutível a uma condensação metafórica.

No Seminário XI, Lacan retira a referência a qualquer holófrase concreta, para tratar da estrutura particular da função da holófrase como frase monolítica. A solidificação do casal de significantes que designa a holófrase implica a suspensão da função do significante como tal. Isso porque o significante não pode designar-se a si mesmo. Entre um significante e o significante pelo qual se designa esse significante, há não-coincidência, falha, intervalo que não apenas permite a dimensão da metáfora (todo significante pode vir no lugar de um outro e produzir significação), mas que também funda, para o sujeito, o desejo do Outro, na medida em que tal desejo é, pelo sujeito interrogável. Assim, na psicose, o significante designa a si mesmo, já que ele surge no real; na psicossomática, o significante desaparece em seu valor de significante, que, por não ser nem substituição nem condensação, não é decomponível.

Holófrase é, enfim, o nome que Lacan dá à ausência da dimensão metafórica. A solidificação do primeiro casal de significantes impede que um significante possa vir no lugar de outro, já que eles ocupam o mesmo lugar. O primeiro casal de significantes é aquele que determina a divisão e é também aquele do momento de alienação (em que, se o sujeito aparece como sentido, ele se manifesta como desaparição). O primeiro significante, aquele do traço unário (S1), representa o sujeito ao ser introduzido no campo do Outro, por um outro significante, (S2), *Vorstellungsrepräsentanz*, sob o qual o sujeito é representado e desaparece na afânise, significante que faz entrar em jogo o sujeito como falta.

A solidificação holofrásica concerne o processo de alienação: o sujeito só pode aparecer no campo do Outro representado por um significante, que faz surgir sua significação, reduzindo-o a não ser senão um significante representado para outro significante, ou seja, afanisado. Se o casal de significantes é holofraseado, então a relação da significação do sujeito à sua afânise se encontra modificada: o sujeito não aparece como falta, mas como monolito cuja significação se iguala à mensagem enunciada, o sujeito já é dado na mensagem.

Enquanto a solidificação do casal primitivo de significantes concerne à alienação, a ausência de intervalo entre S1 e S2 concerne à separação. Nesse intervalo, o desejo do Outro seria interrogável, condição para a constituição de seu desejo, situado nessa articulação como falha, intervalo, falta no Outro. O desejo se articula do recobrimento de duas faltas: a do Outro, que introduz ao sujeito a questão do desejo e aquela pela qual o sujeito responde a essa falta no Outro com sua própria falta, engendrada na alienação. Na ausência de intervalo entre S1 e S2, o desejo do Outro não aparece ao sujeito na falha em que ele seria interrogável, mas como um gozo do Outro cujo objeto é o sujeito. É sob a forma de uma voz ouvida, como um supereu obsceno e feroz, fazendo irrupção no real, que o sujeito encontrará a fantasia de um desejo ininterrogável do Outro.

3.2. A alienação, a separação... e a série

Como distinguir, na série de casos em que a holófrase se manifesta, as posições subjetivas?

Autismo ≅ Psicose ≅ Debilidade ≅ Fenômenos Psicossomáticos

Se podemos constatar as distinções entre cada um dos elementos dessa série, há que se considerar as modalidades nas quais o Outro incide e ganha estatuto para o ser. A existência da holófrase implica a inexistência de um sujeito dividido pelo significante, pois o significante (S2), que permitiria sua representação a partir de um significante (S1), comparece de modos particulares. É, portanto, necessário interrogar de que lugar esses sujeitos comparecem realizados em holófrases.

3.2.1. O que se passa no Autismo?

Podemos supor que criança entra na alienação significante para, a seguir, destacar-se, sem entretanto efetuar uma interpenetração entre os campos do ser e do Outro. Ela é, sem interpolação, ou puro ser vivo, organismo, ou pura máquina significante. Suas aquisições são reflexas, na

DA HOLÓFRASE E SEUS DESTINOS

medida em que, na maquinação significante em que se faz ventríloca, nada diz respeito ao funcionamento do corpo tomado pelo significante e, em suas funções orgânicas, nada diz respeito ao funcionamento significante. Há um funcionamento paralelo e exclusivo do ser e do significante, demonstrado por uma exclusão ativa.

Seria possível dizer que a criança faria oposição, com seu ser, ao Outro real que ela duplicaria? A criança seria o espelho no real, do qual os Lefort[17] nos falam? Ela realizaria a demanda negativa direta, sem inversão da exclusão que o Outro lhe propõe, como diz Jerusalinsky[18]? Ela operaria, como mostra Calligaris[19], uma retração que apaga a falha desejante do Outro, em um *não sendo* em que opera a retração que responde à indeterminação do desejo do Outro, fazendo-se de morto a partir do *isso quer minha perda?*

Balbo[20] nos ensina a dizer que, em quaisquer emissões vocais gestuais ou escritas, o que faz falta ao autismo é o tempo. O tempo é significante da assunção subjetiva, pois o tempo é o deslocamento, o recalcamento. Sem tempo, tudo é contínuo: repetição que não produz diferença, que o vocábulo *estereotipia* nomeia, designando falta de diferença. A associação de fonemas forma uma unidade banalizada, em que a palavra perde todo seu valor de troca. Desse modo, o funcionamento da linguagem corrompe a função da fala, tornando-se independente de toda lei fálica: *<<É porque nós sustentamos, J. Bergès e eu [Balbo], que o autismo é uma perversão, propriamente falando, a única, sem dúvida, pelo que ela se apresenta como um incontornável real>>[21]*.

---

[17] Rosine et Robert Lefort: "L'accès de l'enfant à la parole, condition du lien social"em: *L'autisme*, Bulletin du Groupe petite enfance, no. 10, Cereda, Paris, Janeiro 1997.

[18] Alfredo Jerusalisky, "Autismo, a infância no real", *Escritos de la Infância*, Buenos Aires, FEPI, 1993, pp.93-99.

[19] Contardo Calligaris, opus cit., p. 27-8.

[20] Gabriel Balbo, Le mot, la chose, leurs phonèmes et leur ratage unien, *La Psychanalyse de l'enfant*, no. 18, Éditions de l'Association Freudienne , Paris, 1995, pp.10-11.

[21] idem, p.11.

alienação

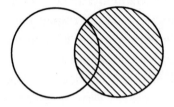

separação
ser ou sentido ≅ ser e sentido
ser + S1 ≅ ser

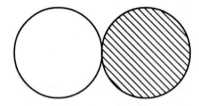

3.2.2. O que se passa na Psicose?

A criança seria um efeito purificado da linguagem, e, portanto, não encontraria, no intervalo entre significantes, o ponto de corte em que pode alojar sua perda no desejo do Outro. A estrutura de superfície mantém o Outro absoluto, pois a criança é feita imanente à cadeia significante. A criança fica colada ao mandato em que ela *é* o que falta no Outro. Encarnando essa falta, ela preenche o intervalo entre significantes, na mesma função de qualquer significante: remete-se a outro significante. Na solidez em que a cadeia significante primitiva é apanhada, a abertura dialética está impedida, e o significante representa outro significante num deslizamento infinito.

Catapultada à alterização absoluta do campo da linguagem, a criança está, no entanto, como diz Jerusalinsky[22], fora da função da fala, pois a insuficiência da inscrição do sujeito no significante não permite separar o

---

[22] Alfredo Jerusalinsky, "Psicose e autismo na infância, uma questão de linguagem" *Psicose*, Boletim da Apoa, ano IV, n.9 1993, pp.62-73.

sujeito do significante da substância do *objeto a*. Como dizem os Lefort[23], no lugar de S1, é o S2 do Outro, encarnado na criança, que faz gozo. S2 que põe a criança no lugar do furo do Outro, como objeto do Outro. A defesa em relação à falta mantém seu saber sem sujeito suposto, sem unidade de medida, já que é sustentado com sua pessoa, saber errante e metonímico, como diz Calligaris[24].

Nas duas vias do destino psicótico, a criança dá corpo ao Outro e empresta ao desejo a figura de uma falta determinada: <<*Numa, será reservado ao Outro todo saber sobre o objeto que convém à sua falta, e fazendo-se esse objeto, até mesmo ao sabor de seus humores; reservatório ou, melhor ainda, Mecânico dos objetos que ele pedir.... Na outra, será fazendo-se falta para um Outro feito objeto, mas que sabe, entretanto, a que convém uma tal falta.*>>[25]

Alienação

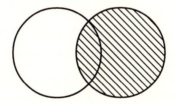

Alienação

<<ou>> exclusivo
sentido $\cong$ Outro
S1/ser $\cong$ A + a $\cong$ S2

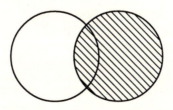

---

[23] Rosine e Robert Lefort, Les Structures de la psychose, Seuil, Paris, 1988, pp.622-630.
[24] Contardo Calligaris, *Introdução a uma clínica diferencial das psicoses*, Artes Médicas, Porto Alegre, 1989, pp.22-30.
[25] Contardo Calligaris, Hipótese sobre o fantasma, opus cit.

3.2.3. O que se passa na debilidade?

A debilidade também implicaria a ausência de um intervalo que permita a incidência do furo no Outro e, portanto, não haveria interrogação sobre o saber do Outro. Mas, diferentemente do psicótico, a criança não encarna a falta do grande Outro, porque a ele nada faltaria. Na debilidade, o objeto a permanece incluído no Outro não barrado[26]. A mobilidade significante fica detida, a ponto de a criança aferrar-se a uma relação sígnica entre significantes, sem deslizamentos, já que o Outro não está barrado por um saber que lhe faltaria.

Assim, o universo é reflexo do corpo do débil, por obra do imaginário jamais posto em suspensão, jamais submetido ao real, não podendo suportar ler entre as linhas a falha do Outro[27]. Os débeis seriam <<*assinalados por uma resistência, ocasionalmente genial, mantida contra tudo o que poderia contestar a veracidade do Outro do significante, para melhor se prevenir das dúvidas que os assaltam, concernentes ao Outro da lei*>>[28]. A criança identifica-se apaixonadamente ao lugar do verdadeiro, de que está convicta, sem dialetizar o sentido[29], por não poder suspender ou duvidar do saber do Outro. Lacan[30] diz que <<*o débil não está solidamente instalado num discurso*>>.

Alienação

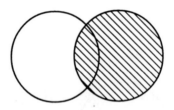

---

[26] Rosine et Robert Lefort: L'enfant est-il cet être 'factice' de Rousseau et l'enfant freudien fait-il retour dans le réel (1989), *L'enfant et la psychanalyse*, Paris, Eolia, 1992. apud Silvia Elena Tendlaz: *De que sofrem as crianças,* Rio de Janeiro, Sete Letras, 1995, p.61.

[27] Eric Laurent: El goce del debil, *Niños en psicoanalisis*, Buenos Aires, Manantial, pp145-149.

[28] Pierre Bruno, A côté da la plaque, sur la debilité mantale, *Ornicar?,* No. 37, 1986 apud Eric Laurent, opus cit.

[29] Anny Cordié: *Os fracassados não existem*, Porto Alegre, Artes Médicas, 1996.

[30] Jacques Lacan: *...ou pire*, Seminário XIX (1971-2), inédito, lição de 15/03/72

Alienação
$S1/ser \cong A$

3.2.4. O que se passa nos fenômenos psicossomáticos?

Diferentemente do sintoma, que tem estrutura metafórica, o fenômeno psicossomático está situado no limite da estrutura da linguagem, na medida em que há uma marca: algo da ordem do escrito que, em muitos casos, não sabemos ler:

> <<tudo se passa como se algo estivesse escrito no corpo, alguma coisa que se oferece como um enigma [...] signatura, algo para se ler, diante do qual, freqüentemente, "boiamos"[...] um doente psicossomático assemelha-se mais a um hieróglifo do que a um grito [...] se evoquei algo do congelado, é porque existe, efetivamente, esta espécie de fixação. Também não é por acaso que Freud emprega o termo Fixierung – é porque o corpo se deixa levar para escrever algo da ordem do número>>[31].

A psicossomática só é concebível, diz ainda Lacan[32], na medida em que a indução do significante se passou de maneira que não põe em jogo o apagamento do ser pelo significante na alienação, não constituindo, portanto, o significante. Jacques-Alain Miller diz que a incorporação em jogo na psicossomática

> <<é incorporação não da estrutura, mas de um significante, e sob a forma de um certo imprimatur, [...] Um Outro está em questão no fenômeno psicossomático, porém, longe de ser o lugar do Outro que pode ser

---

[31] Jacques Lacan, Conferência em Genebra sobre o sintoma, *Opção Lacaniana*, Eolia, São Paulo, 1988.
[32] Seminário IX, opus cit., p.215.

ocupado por um outro sujeito, esse Outro é o corpo próprio, [...] o corpo próprio sofre como o corpo de um outro [...] é o corpo como Outro que toma nota do que sucedeu, [...] atestação efetuada pelo corpo>> [33].

Assim, podemos supor que o significante faz injunção ao gozo do ser, em vez de restringi-lo à cartografia erógena. A função do desejo do Outro se interessa pelo ser da necessidade, engatando a função biológica unificante do ser nos significantes do Outro. O que há entre o ser e o Outro é a necessidade. Desse modo, a tatuagem de uma *signatura* na condição orgânica do ser identifica-o à lesão do Outro, é sujeito impossível, não antecipável pelo discurso do agente materno do Outro, mas um real destacado do Outro, que a *signatura* da morbidade e da impotência balizam no avesso do falo. A plenitude do imaginário obedece ao comando do discurso médico, sobrepondo a lesão imaginária do agente materno à lesão real, elevando sua potência até inviabilizar o sujeito.

alienação

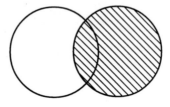

alienação
S1/ser ≅ ser/A

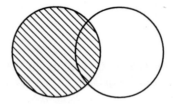

---

[33] Jacques-Alain Miller, Algumas reflexões sobre o fenômeno psicossomático, Psicossomática e Psicanálise, R. Wartel e outros, Jorge Zahar, Rio de Janeiro, 1990, pp.92-4.

3.3. A alienação, a separação ... e a clínica

A incidência desse lençol da linguagem, que cerne o ser, produz, nesses casos, modos particulares de destacamento da questão que permitem uma localização da criança ao que lhe concerne: <<*O que isso quer? perder-me?*>> Nas modalidades de resposta, derrama-se a impossibilidade de o sujeito interrogar o saber do Outro e engendrar-se como resposta a essa questão. Interessa notar que temos, nesses casos, crianças que não situam a incidência do intervalo entre significantes.

Em que as operações de alienação e separação podem nos orientar na clínica?

Elas permitem uma hipótese de trabalho que nos intima a nos incluir no tratamento, ou seja, a sairmos da posição de espera para a posição de intervenção, de corte, de segmentação, a partir da qual uma hipótese diagnóstica pode ser formulada. Elas permitem, ainda, constatar que, na clínica, não existem casos puros dessas categorias, de modo que suas brechas, suas bordas, seus intervalos orientam a hipótese de uma estrutura não decidida[34]. O *não decidido* da criança implica a impossibilidade de fazer equivaler a estruturação de uma criança à estrutura do adulto. Assim, a incidência da nossa fala pode mudar o modo de gestão do gozo dessas crianças.

Nessa perspectiva, vou relatar alguns fragmentos clínicos em que podemos observar certas condições que nos mostram a impureza clínica dos quadros acima distinguidos, no mesmo lugar em que eles evidenciam a possibilidade de uma subtração de gozo e sua coagulação em significantes.

Uma criança, numa posição autística, aos quatro anos, não fala. Excluindo-se do olhar com seu boné, joga objetos para cima e pisa sobre eles depois que caem. Alheia à interlocução, executa, no entanto, algumas ordens parentais: <<Tira a calça!, a cueca! faz xixi!>>. Em geral, grita incessantemente quando seus gestos de colocar ciscos na boca são interrompidos pela mãe. Tenta cortar um papel e, em seguida, leva a

---

[34] Como dizem Alfredo Jerusalinsky e Contardo Calligaris, opus cit.

tesoura a sua barriga. Tenta martelar um prego em algumas superfícies (parede, mesa ou uma prancha), mas ensaia o movimento sobre seu peito. Após alguns meses de atendimento, passa a suportar a extensão significante operada, pela analista, no seu jogo:

- Joga todos os lápis para cima. A analista toma-se como endereço e lhos devolve. A analista repete o jogo da criança, enviando os lápis, um a um, para uma caixa. Ela passa a jogar também.

- Deixa escorregar um carrinho num plano inclinado até que pare. Retoma-o e recomeça, indefinidamente, a mesma atividade. A analista brinca com outro carro, a seu lado, e a criança passa a esperar que ela diga "um, dois e já", para soltar seu carro em sincronia ao outro. Na sessão seguinte, puxa a analista pela mão dizendo algo como: "ú – dozije". Transforma completamente a prosódia e inverte, em espelho, o fim e o começo da segmentação de "um, dois e já". Após a repetição sistemática da experiência abandona-a. Passa a cortar balões estirados pela analista e a alternar a posição com ela.

- Após três meses de atendimento, ao despedir-se da analista, junto com a mãe, esta a intima: <<Dá um beijo nela!>>. Beijando a mãe, ela executa a tarefa, trocando o alvo. Após um ano de atendimento, tenta manter de pé uma fina prancha. Grita quando esta cai, mas, ao conseguir o equilíbrio, afasta-se para a ela retornar, empurrando-a para longe. A analista intervém, fazendo turnos no jogo, mas modificando o movimento das mãos (primeiro bem abertas e, a seguir, cerradas, jogando, com mais força e mais longe, a prancha, marcando o tempo dos movimentos: um.../ dois.../ e.../ já!) A criança vibra à distância, saltitante e, observando a cena, de vários ângulos, mimetiza os gestos da analista. Em seu turno, refaz a cena, sem inverter as posições, vindo colar-se de costas ao corpo da analista, para repetir o jogo com os novos gestos que acompanham o ritmo imposto. O mesmo jogo e seu movimento repete-se por muitas sessões, fazendo variar as diversas distâncias e pranchas que dispõe no espaço, acrescentando movimentos a esses sons e vocalises, substituindo os elementos por bolas dirigidas a um recipiente, parecendo mimetizar, ao mesmo tempo, o jogo de golfe e o de futebol.

Outra criança, desta vez, psicótica, é referida no discurso materno dirigido à fonoaudióloga a partir de uma gravidez que <<*de forma alguma poderia ter acontecido*>>. A gravidez só foi percebida no quarto mês, porque o filho mais velho estava com câncer. O trabalho de parto ocorreu sem que ela se desse conta: sentindo taquicardia <<*por motivo de forte tensão*>>, foi ao hospital, e só então foi informada de que estava em trabalho de parto.

Sem ter dado tempo para os <<*aparatos todos*>>, a criança nasceu, num parto rápido, com a clavícula quebrada. Logo após o nascimento, o pai foi diagnosticado com tuberculose. A mãe recebeu a convocação médica de escolher quem ela manteria em casa: o filho mais velho, doente, ou o marido, também doente. Optou pelo filho, e o marido ficou afastado até que a medicação tornou seu filho imune ao contágio. Vitor foi limitado a *um cercadinho*: nunca recebeu nem deu atenção a ninguém. *Não era surdo, já que dançava no ritmo das músicas que ouvia.* Sobre o desenvolvimento motor desse filho, a mãe diz que: <<*ah, foi uma tragédia, porque o desenvolvimento [...] foi natural...*>>.

Vitor é o quinto filho. Tem relação impositiva com os irmãos e com os pais. Quer tudo: do modo que desejar e no momento em que deseja; caso contrário, torna-se agressivo e insuportável. Ao perceber que a mãe está brava, <<*pede para ser abraçado, pondo um ponto final na nossa atitude agressiva*>>. A criança fala, referindo-se a si mesma na terceira pessoa, determinando: <<*isso é do Vitor, Vitor quer jogar videogame*>>. Vitor teve uma tentativa fracassada de freqüentar uma escola: não permaneceu na sala. Aprendeu a ler ao mesmo tempo em que começou a falar, com 3 anos, e sozinho: <<*é como se ele desprezasse o resto do mundo (...) ele é auto-suficiente, como se fosse, né, só que ele é uma criança. (...)acho que ele é auto-suficiente; ele pega chocolate...sabe que fogo queima*>>. *Ele não é superdotado, sua inteligência vem do fato de ele ter muito tempo para observar (...) pois ele está muito desligado da gente*>>.

Vitor gosta de desenhar, ouvir música e jogar videogame: não admite perder, torna-se agressivo. Gosta de ler jornal, gibi do Seninha. Sob demanda, não comenta o que aprendeu; só o faz aleatoriamente. Assiste bastante à TV, repete o noticiário, quando escuta e também depois. Escova os dentes com a marca de creme dental que está passando no anúncio da TV e pede para escovar os dentes ao assistir o comercial, por isso, a mãe tem em casa a maioria das marcas. A mãe previne a fonoaudióloga sobre a agressividade de Vitor, e pergunta se ela tem experiência com esse tipo de criança.

Segundo a mãe, Vitor pode sugerir ser bobo, porque movimenta as mãos sem finalidade aparente, mas é que está formando palavras no ar. Quando tem dúvidas sobre como escrever a palavra *péssimo (por exemplo)*, se tem 2 *esses*, ele os faz no ar . *<<Ele é diferente, tem que fazer o que ele quer>>*. De tempos em tempos, muda de preferências temáticas: *<<Já foi futebol. Fazia tabelas de times e resultados de partidas, bandeiras. Agora é apaixonado por São Paulo. Não se pode pisar nas avenidas de São Paulo que traça no chão ou nas paredes. Se ele fica nervoso (por exemplo, se no videogame um irmão mata um boneco e ele perde o jogo) , as crianças já sabem, têm que correr, porque a força dele é muita e ele bate mesmo. Todo mundo faz tudo que ele quer ou senão apanha>>*.

Nessas falas, além do esforço materno em transmitir uma configuração da especificidade de Vitor, a mãe aponta a posição da criança e faz hipóteses sobre os efeitos de Vitor no semelhante, calcada em sua experiência e observação.

Assim, Vitor, em sua pré-história e no começo de sua vida, não estava alocado na série simbólica materna, nem ocupava posição no próprio corpo que o gerava: a gravidez só foi notada tardiamente, a taquicardia confundiu-se com o trabalho de parto; ainda na gestação, o câncer do filho mais velho roubava a cena em que se daria o laço com aquele que viria. Esquecimento ressublinhado na competição que a tuberculose do marido instaurou, articulada ao câncer do filho mais velho e envolvendo o recém-nascido. Mas a insistência de Vitor em circular no campo simbólico pôde se sustentar, mesmo que às custas de sua condição de sujeito.

Teria Vitor produzido efeito de inassimilável *(<<tragédia natural>>)*, suficiente para sua mãe tomá-lo como uma espécie de entidade autônoma e suprema a que tudo se submete? Afinal, há que se supor que Vitor encontrou, no agente do Outro primordial, condições para fazerse prevalecer, ou seja, encontrou elementos para conquistar, ao menos

DA HOLÓFRASE E SEUS DESTINOS

no recobrimento imaginário dessa condição real, o olhar e a escuta materna. É insistente demais a posição privilegiada que Vitor ocupa no discurso materno, como um tirano a que todos se submetem, orquestrados pelos ditos orientadores da mãe.

Teria sido suficiente para Vitor a mera exposição ao campo da linguagem (via televisão?) que o mantinha anônimo, e servir-se desse campo, incorporando-o do mesmo lugar em que era posto para, paradoxalmente, encarnar-se em legislador?

Será que Vitor operaria sobre o outro não como um sujeito, mas como uma linguagem? Poderia haver uma situação de identificação bruta à linguagem e não à consistência de um ideal de filho? Poderia ter sido a linguagem, em seu saber autônomo, o que foi encontrado pela criança no espelho? Neste caso, em vez de a criança identificar-se à imagem ideal antecipada pela mãe, teria se identificado à linguagem, mantendo como resto, como objeto não especularizável, o campo imaginário, o ego, a própria imagem da qual não pode apropriar-se nem supor?

Na relação com a fonoaudióloga, em grande parte das vezes, Vitor não permite criar a ilusão de sustentar um diálogo: mantém o outro sob o efeito de um funcionamento automático de séries limitadas; reproduz em eco as falas da terapeuta, com a entonação preservada, sem entretanto operar nenhuma inversão; tenta operar um domínio da língua. Algumas palavras o intimam, não à procura de um sentido, mas à tentativa de apreendê-las, e isso se faz por via da correção ortográfica, feita no ar, com os dedos, ou na leitura dessas palavras. Sistematicamente, tenta completar séries introduzidas a partir de algum disparador: *(T)..Casa? (V) Apartamento, quatro quartos, segurança total, Avenida Francisco Morato, São Paulo, capital.* Na reprodução das falas da terapeuta, chega a introduzir um outro termo, operando uma substituição (mantém, em geral, atributos comuns: cinema-teatro, padaria-mercado). A descontinuidade do que vem em seguida permite supor que o termo introduzido não tem função de produzir um sentido, mas de operar um acréscimo possível, numa substituição que apenas preserva a condição gramatical da frase.

A partir desses elementos, e considerando os limites da observação realizada, é possível formular algumas hipóteses provisórias.

A autonomia em que é pressuposto, coloca Vitor diante de um funcionamento da linguagem que é anônimo. A criança é movida por um desejo anônimo. Pode-se supor que o modo como se alocou no discurso não permite privilegiar nada que faça marca de singularidade. Não estão privilegiados traços capazes de articular a série narcísica da criança. Ele não retém um saber sobre o que seria um desejo determinado dirigido a ele, nem tem a quem recorrer, a quem possa supor esse saber. Por isso, pode-se dizer que Vítor equivale ao fantasma materno.

Os significantes que o representariam não conservam o estatuto imaginário que permitiria supô-los representativos, tendo a flexibilidade de deslocamento que poderiam ser quaisquer. Não há uma constelação de traços estáveis que permita a Vitor supor sua significância para o outro, a quem ele tentaria determinar interrogando-o através de demandas (ele não demanda nada, ele age).

Para defender-se do anonimato do desejo, realiza tal anonimato. Evidencia-se aí um paradoxo: ele é tomado nesse anonimato e o mitifica a partir daí – reforça o lugar onde ele seria não x, mas TUDO. Na sua relação à linguagem, sua identificação não é a um lugar esperado por alguém que ele pode supor: ele não pode apreender imaginariamente qual seria esse lugar. Faz vigorar essa autonomia anônima, tentando o domínio da língua.

Mas a tentativa de Vítor não é a de equivaler a um ideal de filho que supõe proposto pela mãe, mas é a de equivaler à estrutura da linguagem. Uma vez que não retém um saber sobre o que seria sua significação a partir de uma referência, por não ter uma unidade de medida a partir da qual ordenar os demais termos, estabelecendo distâncias, proximidades e prevalências, nada é fixo. Só lhe resta tecer um saber. Cabe a ele tecer esse saber e, por isso, mantém-se numa errância: ele tem que saber tudo, em todas as direções, sem nenhum privilégio de uma trilha qualquer. Daí a especificidade de seu trânsito na linguagem. Ele fala de nenhum lugar, não há origem para a série que ele articula, por isso, desdobra qualquer série a partir de disparadores a que ele tem acesso. Todos os significantes dessa ordem, dessa rede que é restrita a certos eixos transitórios que tenta dominar, têm o mesmo valor. O uso que faz da língua é privilegiadamente imaginário: privilegia a metonímia, completa, tenta totalizar a rede em que circula na leitura, no desenho, na escrita, mas isso não lhe serve para transpor registros, não lhe serve para outros usos em outras redes – usos que metaforizem e produzam valores determinados.

Mas Vitor, em alguns momentos fugazes, tenta diferenciar-se da mera especularização não invertida; tenta introduzir um diferencial que, entretanto, não produz esse efeito, como acontece quando, após uma suspensão na frase que reproduz, substitui um termo por outro. Tenta separar-se, mas acaba alienando-se: o que introduz não produz um efeito de sentido, apenas estende a série do outro, sem alocar-se num lugar, apenas inclui um significante a mais, como se buscasse completá-los com as possibilidades que conhece. O *"não"*, emitido diante da demanda do outro, sugere articular uma diferença e esboçar uma disjunção, mas seu movimento subjetivo comparece, ao produzir um ato que causa efeito de imprevisível para a terapeuta. Vitor tenta resgatar tal efeito e, então, nele comprometê-la (comer um brinquedo ou apagar a luz). Passa então a provocar, simulando a repetição e antecipando seu ato, rindo de seu efeito sobre a terapeuta. Nessa situação, tenta encontrar um furo, uma brecha na plenitude suposta ao Outro. São esses momentos fugazes de tentativa de comprometer o outro que permitem supor, nesse caso, uma estrutura não decidida.

Outra criança. Desta vez *débil*. Tem nove anos. É uma criança que não fala. Tem uma hipótese médica de dispraxia global, e de órgãos fonoarticulatórios, causada por anóxia neonatal. Freqüentou atendimento fonoaudiológico e o atendimento psicanalítico foi tentado a partir dos 6 anos. Segundo a mãe, << *quando me arrumo pra sair, o Naef busca o sapato dele pra ir junto. Se eu não levo ele, ele faz o maior escândalo, desde pequeno ele tem falta da minha presença. Mas ele percebe, entende, se eu tô nervosa ele não pede pra ir junto, se o pai tá nervoso ele não desgruda de mim e só depois que eu durmo é que ele dorme, é como se ele tivesse preocupação comigo, como se ele quisesse me proteger.[...] Meu marido era estúpido, Naef chorava junto comigo e gritava [...]Ainda chora e grita muito, mas ele melhorou bastante. Se ele sabe que uma pessoa gosta dele, ele esquece todo mundo, até me esquece, só quer ficar com a pessoa. {...] Sempre o filho do meio fica de lado. Ela [a avó] sempre compara, nunca teve paciência pra ensiná-lo...Na minha casa, eu tinha um irmão mais velho e, quando eu tinha 6 anos, nasceu a outra. Sei que a primeira coisa que fiz quando aprendi a escrever foi deixar um bilhete: mãe, cê num gosta mais de mim, eu vou embora. Eu ficava*

48   CRIANÇAS NA PSICANÁLISE

muito sozinha, sempre fui saco de pancada, foi um incentivo pra casar cedo. Do lado do meu marido, meu sogro é árabe.[...] Na gravidez do Naef meu marido fez a maior festa. Ele que descobriu que eu tava grávida. Ele sentia enjôo, sentia mal. O Naef brincava, era esperto. Se deixasse, ele mamava até hoje. Minha sogra fica deitada, ele vem e encosta nela. Ela dá o peito pra ele e diz que é porque minha mãe dava pro Hussen. O Hussen mamava em mim prá dormir, mas ele mamava na minha mãe porque fazia mal amamentar grávida. O Naef mamava na minha sogra e até hoje ele mama, porque ele não queria meu peito porque saía pouco. Demorou a andar, o Hussen andou com 6 meses e o Naef foi andar com 1 ano e oito meses. O médico disse: ele vai andar, mas é que ele não tem força no pezinho. Chorava tanto que tem até uma hérnia de choro. Meu marido chega falando alto e o Naef chora sem acordar. Qualquer pessoa que falar bravo com ele ele berra. É uma criança bem sentida. Minha mãe faz diferença, ele percebe e faz mais pirraça com ela. Ele é preocupado comigo, quando vê que eu tô mesmo dormindo ele dorme, ele fica sempre do meu lado>>.

Efetivamente, não se podem negligenciar as circunstâncias que esta criança encontra para que possa vir a ocupar uma posição subjetiva. A incidência do estrangeiro parece aqui marcante. Qual é a língua materna de Naef Kenji?

Nascido no Brasil, filho de pais brasileiros, seu nome conjuga em árabe e em japonês não apenas a origem respectiva dos pais, mas, ainda, seus próprios mitos individuais. A mãe desconhece a língua japonesa, mas lhe deu, nessa língua, o nome de Kenji (que significa "segundo filho"). Atesta que seu segundo filho repete sua história: como ela, Naef está entre dois irmãos; como ela, desprezado pela mesma mulher (a avó materna). A mãe contou com o marido para imaginarizar o filho (ele detectou a gravidez, teve enjôos e queria muito outro filho); com o médico (que antecipou o momento do nascimento do filho, enquanto ela julgava ter cólicas intestinais); aderiu ao discurso de uma psicóloga sobre a etiologia traumática explicativa: O pai gritava com ele para parar de chorar. O recurso a que lhe digam quem é seu filho marca o regime de sua dificuldade em tomá-lo no registro fálico. O pai, muitas vezes na função de agente materno, imprime no filho o nome do segundo irmão (do pai), de quem teria ciúmes mas que, apesar de tio, exerceu o que

DA HOLÓFRASE E SEUS DESTINOS

julga ser a função do pai (pagar o parto do próprio filho). Atribuir ao filho o nome desse irmão teria estendido um além da dívida financeira, uma impossibilidade na sua função simbólica? Seria a possibilidade de ter domínio sobre o que o ameaçava em suas relações primitivas, silenciando-o?[35]

O reconhecimento de Naef sobre sua posição na família parece ser reduzido a um lugar onde não se espera nem se antecipa um sujeito, mas que mantenha-se *infans,* curinga, brinquedo, em que a aceitação da oferta do peito de uma avó, a título de remediar o desprezo da outra, é exemplar desse lugar de onde ele responde. E responde em diversas posições: ao atar-se ao corpo ou aos riscos gráficos da analista, mantendo-se como apêndice; ao reduzir bonecos e objetos diversos a algo a ser transportado, num procedimento infinitamente circular; ao manter-se no jogo do engodo, em que emprega todos os seus recursos de exibição para tentar determinar o desejo do outro, que só consegue ocupar secundarizado, seja por perder sua possibilidade subjetiva, no limite de seu silêncio, seja nos ensaios de recobrir a falta operada pelo pai (*ele me protege*).

Mas, para além das especulações sobre o imaginário familiar que essa criança parece condensar, resta a Naef, nos ensaios em que ocupa posições que o caracterizam: ter um turno discursivo, alternar posição com o outro, dominar os percursos, as intensidades e as emissões dos carros e dos animais, mas isso não é tudo. Naef faz apelo, tenta falar ao telefone, atacar e deixar-se atacar, remediando as feridas do outro com carícias e beijos; tenta manifestar seu contentamento quando supera uma dificuldade motora e estender ao máximo sua presença no campo do outro. Ensaia, sem parada, responder ao que supõe demanda dirigida a ele, mas depende do encontro de um ritual que reconheça, ou de que lhe sejam dadas balizas precisas, que possa perceber visualmente. Enfim, Naef espera o reconhecimento do outro e ensaia (com esforço mesmo motor) uma posição de falante.

Três anos depois, Naef continua no mesmo limite em seu funcionamento simbólico: brincando com carros e acompanhando seus movi-

---

[35] Caberia ainda lembrar que a pronúncia da mãe para o nome do filho é *Náif,* tendo assim sugerido a escuta sistemática de *Naif* (em francês, *ingênuo,* cuja etimologia de *sem pai* não deixa de produzir efeitos sobre as questões levantadas).

mentos com ruídos de aceleração, freada, batida, capotagem; aceitando qualquer jogo que lhe for oferecido sem que, no entanto, chegue a apreender seu funcionamento; repetindo alguns fragmentos do que observa no ato do outro. Faz, entretanto, a seguinte brincadeira:

- Naef diz ptun (apontando o dedo para a analista, como se apontasse uma arma). A analista se faz de desmaiada. Naef diz <<ó>> balançando a analista. Esta se levanta e diz: <<acordei!>> E ele sorri. Repete o jogo várias vezes, trocando os turnos. No seu turno, no momento do <<acordei>>, ele sorri, repetindo o movimento de levantar-se. Se ele é intimado a falar: <<não ouvi o acordei>>, ele responde com o ranger de dentes e com seus esfíncteres.
- Depois de certa repetição do jogo, Naef diz <<ptun>>, a analista se faz de desmaiada e Naef não a chama, aguardando por longo tempo até que a analista desperte por si mesma. Naef está com o dedo levantado e, dizendo <<ptumptum>>, atira como uma metralhadora, sorrindo muito, na sua trapaça. Ao ser informado do final da sessão, emite algo bem próximo de um <<Não!>>.

Camilla, a quem se pode supor afetada pela condição *psicossomática*, é uma menina que tinha 5 anos quando foi atendida, tendo sido apresentada como tendo um grave atraso neuro-motor não diagnosticado, além de não falar. Na sala de espera, ela dá alguns passos, atenta à babá. Quando encontra-lhe o olhar, pára ou senta-se. Puxa o cabelo (o seu ou o da babá), ou belisca (a babá ou a si mesma), sempre atenta à babá. Ao ser reprovada pelo ato, insiste; ao ser impedida do ato, chora. Ao lado da acompanhante, que lhe folheia uma revista e lhe aponta figuras, Camilla faz semblante de atenção, e a firmeza de sua postura cria a ilusão de que a deiscência típica do quadro orgânico grave, em que é situada pelo neurologista, teria se dissipado. Camilla deixa-se conduzir ao consultório, no andar superior, sem protestos, mas, ao perder de vista a babá, estanca, girando o corpo para sentar-se sobre o degrau. Isto acontece no momento em que a posição da escada impede que seja vista pela acompanhante. No consultório, diante do desprezo a seus movimentos, pára e aproxima-se de um objeto qualquer. Pega o objeto, manipula-o (deixando supor estar muito interessada nele) e, ao reencontrar o olhar do outro, ela joga-o longe. Se este escapa de seu campo visual, ela não o procura, mas recupera-o, posteriormente, desde que um mínimo fragmento, ou um cordão a ele ligado, esteja ao alcance de seus olhos. Diante de uma caixa fechada, ensaia abri-la (sugerindo estar bastante mobilizada) e a abandona. Ao descer as escadas que a conduzem à sala de espera, coloca-se inerte, quase à mercê do outro, sem deixar de marcar sua resistência com uma hipertonia, até que o chamado de sua acompanhante leva-a a precipitar-se pelos degraus até ser vista, momento em que retorna à posição inerte.

Segundo o pai, ela foi registrada junto com um menino, ambos adotivos, como gêmeos, nascidos em casa, << *gêmeos para efeito legal>>,* adotados devido a uma *<<esterilidade não explicada>>* do casal, apesar das tentativas de diagnóstico e tratamento, *<<como muita coisa não explicada lá em casa>>.* Segundo a mãe, a opção pela adoção dessas duas crianças vem a reboque da morte de outro filho adotivo, *<<de uma doença muito rara, só há 60 casos descritos na literatura médica: aplasia de medula óssea. Tudo começou quando nós vimos manchas na sua pele. O médico só lhe deu uns dias de vida, mas nós corremos vários hospitais da Europa para buscar tratamentos. Eu o mantive dando meu sangue, me submetendo a muitas transfusões e ele morreu quase dois anos depois (...) e, ainda, meu pai morreu uns dias depois, por desgosto. Nós procuramos crianças para adotar e foi uma coincidência, duas notícias na mesma hora, no mesmo instante>>.* Sobre o fato de terem surgido duas crianças, o pai diz: *<<o que íamos fazer com ela, botamos ela na cesta do papai noel?>>.*

Camilla foi pesquisada por especialistas diversos, mas não tem diagnóstico. O neurologista enviou os exames a Boston, afirmando que *<<alguém tem que explicar>>,* mas *<<sempre foi tentativa, como tudo que nós fizemos, nunca deu em nada>>.* Não puderam confiar nos resultados porque, segundo a mãe, *<<confundiram minha filha com outra criança brasileira, mandaram as fotos erradas, com data de nascimento errada, de uma menina que tinha síndrome evidente>>.*

A mãe tentou elucidar a gestação e o parto de Camilla, e só descobriu uma história de maus tratos à genitora que nada elucidou, já que, a despeito disso, ela tem outros filhos normais. Inicialmente, Camilla era mais avançada que o irmão *(<<que é normal, mas não é tão especial quanto o primeiro>>),* chorava muito durante a noite, mas não era ouvida pela mãe devido a seu sono pesado, adquirido após a morte do primeiro filho. O pai ouvia o choro e o protesto da enfermeira, julgando que era normal, mas percebeu que a enfermeira não gostava dela, como também todos os especialistas que trataram dela até agora. Os pais foram aos Estados Unidos com Camilla para uma consulta:*<<O médico pensou que Camilla tinha uma certa síndrome porque ela come muito, machuca-se e belisca os outros. Camilla come muito, parece que vai estourar, mas o médico disse que ela tem stop. Ela está sempre tentando ferir-se ou nos beliscar. Como o médico não encontrou as marcas deixadas por Camilla em meu braço, ele descartou a possibilidade dessa síndrome. Mas ela não fica comigo o dia todo, fica é com a babá!>>.*

O complexo significante de Camilla permite destacar alguma regularidade: sua movimentação tem relação direta com a atenção do outro que ela procura, afinal, qualquer encadeamento motor está sustentado no olhar de uma alteridade qualquer. Seu movimento toma valor de ato na vacilação em que alterna, mesmo que fugazmente, o gesto e o efeito deste sobre o semelhante; uma descontinuidade ou uma resistência à extensão da cadeia simbólica parecem resolver, por dissolução, o engajamento prenunciado pela criança ao campo imaginário do semelhante. Cabe ressaltar esse efeito que ela provoca no semelhante: o de permitir supor interesse e mobilização que se oferecem, a cada ruptura, ao surpreendimento. A conclusão que esse tipo de resistência de Camilla precipita mantém o paradoxo de sustentar o campo de gozo que a desloca da posição de submissão ao outro, ao mesmo tempo em que aloca a impossibilidade de ultrapassamento simbólico. O termo usado pelo médico, e repetido pelos pais, parece ganhar aí uma outra dimensão: o gozo do stop.

A listagem das suas sucessivas manfestações permite destacar que suas configurações sintáticas submetem-se a qualquer termo a que se articula: o traço de continuidade dado pela tentativa de colagem a uma pequena parte do corpo (o seu ou o de um outro): o olhar, os puxões de cabelo, o beliscão na pele e mesmo a voz do outro são partes que ela discerne e que lhe concernem. As relações às coisas do mundo, a motricidade, o estancamento, o lançamento são postos em função significante, têm o valor do laço possível à alteridade. É o que permite tomar a criação de Camilla como cifração que dá ao seu ato a função de resposta: a modalização do que é da ordem da sua impossibilidade de inscrição subjetiva, cifras de sua própria posição de resíduo da diferença entre o irmão morto e o irmão gêmeo. Assim, a coerência de sistemas significantes, que emerge na seriação, explicita a função do ato: integrar a impossibilidade, advinda da articulação sucessiva das formas implicadas na posição de Camilla.

Na circulação de Camilla, orientada pelo olhar do outro, ela sempre o submete a perguntar-se: <<o que ela quer?>>, por criar a expectativa de que caminharia numa direção, na hipótese de que estaria interessada em algo, no causar a impressão de buscar qualquer coisa, ou seja, ela obtém uma resposta não invertida à questão inicial de um sujeito: a resposta é a questão mesma, não invertida, que evidentemente a mantém numa redundância fugaz até perder-se.

Algumas co-incidências em torno do efeito da implicação de sua inscrição na família não podem deixar de ser articuladas às suas próprias séries, nas quais a evanescência de tal inscrição são os termos que fazem laço no jogo infantil. A exposição de Camilla como *o que não cessa de não se escrever*, presente no seu jogo (cuja descontinuidade marca o não comparecimento dela onde poderia ser esperada) faz série ao tecido do discurso parental em que está numa espécie de limbo, entre o imaginário e o simbólico, já que não tem consistência imaginária, nem está localizada numa linhagem simbólica. É na medida em que ela não responde aos pais — quem ela é nem o que ela quer — que eles recorrem aos especialistas, que vêm em sua suplência: é o que pôde emergir como significante do engajamento dos pais no atendimento da filha, em que querem que lhes digam quem é Camilla: na esterilidade inexplicada, nas coisas familiares que não dão em nada, na sua própria adoção em que entrou no pacote adotivo na sombra de um outro, na lacuna dos antecedentes gestacionais pressupostos como capazes de conferir consistência a sua patologia, no choro inaudível pela mãe, na relação com a enfermeira que não respondia aos apelos ou no descuido imputado aos especialistas, no discurso médico que a desqualificou até mesmo de uma linhagem diagnóstica e na superposição das fotos trocadas de uma outra criança que apagou a chance de diferenciação por uma inscrição hiperespecializada em algum quadro sindrômico.

Como encontrar a via de desmontagem dessa inscrição não inscrita que Camilla suporta? Se tomamos ao pé da letra a possiblidade de Camilla recuperar um objeto através de um fragmento, embora não o veja, pode-se dizer que ela está especularizada no lugar onde o olhar do outro não a vê. Talvez, por isso, ela saiba onde está o objeto, embora não o veja.

Se colocamos em série os significantes da mãe (sobre as manchas na pele de seu filho, as transfusões de sangue, a procura – pelo médico - das marcas produzidas por Camilla no braço da mãe) e os lugares onde Camilla persiste (o comer muito, as feridas, os beliscões, a convocação do olhar do outro), podemos dizer que ela veicula traços daquilo que representa para o Outro. Não parece mera casualidade o que seu nome indicia nas línguas latinas da sua linhagem simbólica: *pequena cama para transporte de enfermos, maca*. Mas Camilla indica a possibilidade de extensão do traço que a sustém.

Assim, apesar da indeterminação quanto à carga da incidência orgânica em sua subjetivação, pode-se constatar que há aí uma medida subjetiva que não é pouco relevante. Afinal, a sintaxe que Camilla configura demonstra uma matriz simbolizante, mesmo que mínima, cuja extensão e importância ainda está por ser definida. Na concretude com que demonstra sua submissão ao outro, Camilla mostra o limite dos termos em que circula, limite impeditivo de conquistar um lugar desde o qual possa convocar a mirada simbólica no outro. Ela formata um modo de o corpo denunciar o impedimento da função primordial do significante: a equivocidade e suas conseqüências na subjetivação, na qual a enunciação não se destaca.

Engajada à motricidade, para sustentar a captura especular em que se submete ao aprisionamento que a exclui, está impedida de poder perder o Outro, cola-se a seu olhar numa defesa contra a demanda de exclusão, que a realiza. Apesar de apegada ao ponto em que se manifesta uma diferença, não pode extrair suas conseqüências: há uma inscrição sem que tenha instância na função significante. A posição em que Camilla recebe a demanda do Outro inscreve o traço mas não pôde ser simbolizada e só se mantém ao reproduzir-se no real, uma vez que o Nome-do-Pai não opera simbolicamente sobre a série significante (<<botamos ela na cesta do papai noel?>>). Camilla cifra a incidência de uma hiância, que retira os termos alternantes da mera circularidade recíproca, e introduz neles algo de diferencial. Entretanto, a impossibilidade do enlaçamento de uma precipitação imaginária, capaz de fomentar sutura ao real, não adquire consistência, impedindo, portanto, o funcionamento simbólico. De todo modo, um esboço fantasmático mínimo se verifica, denotando uma posição na linguagem, na qual ela modaliza a impossibilidade de relação ao objeto.

A intervenção clínica fez uma transposição numa leitura que destacou um testemunho. Promoveu-se uma enunciação no registro do engajamento corporal de Camilla que, pelo efeito de retroação que sua incidência promoveu, fez aparecer uma trama:

– Camilla sentou-se no chão e a analista sentou-se em frente a ela, que reagiu à proximidade com um empurrão. A analista deu uma extensão inesperada a esse empurrão, de modo que, mantendo-se sentada, deitou-se sobre as próprias costas, para que ela perdesse os olhos da analista de seu campo de visibilidade. Camilla emitiu uma vocalização e a analista respondeu-lhe oferecendo os braços e dizendo <<*Camilla, eu quero te ver, onde está você?*>> Voltando a emitir o vocalize, ela puxou as mãos da analista de modo a recuperar o olhar. Esse jogo prosseguiu com o mesmo vocalize, usado tanto para resgatar como para ejetar a analista, até que essa sintaxe ganhou um complexo significante mais vasto de sorrisos, de continuidade e ruptura sonora, de objetos escondidos e encontrados, sempre sustentados por um banho de palavras conjugadas pela analista. Esse vocalise pôde servir como testemunho dos reencontros com a analista.

Poderíamos dizer que há, nessas crianças, resquícios de uma atividade pulsional de fazer-se *para* e *com* a falta do Outro?

Parece-me que sim. Por menos que a criança esteja concernida pela fala e pela linguagem como agente, ela é ativa em sua exclusão, ela está cernida por esse campo. Portanto, nada nos permite dizer que não haja, para além do limite do funcionamento significante, atividade pulsional, através da qual o ser responde com uma interrogação ao Outro — excluída a situação do autismo, que, de todo modo, submete-se a uma incidência dos significantes do Outro que segmentam a continuidade de seu jogo.

Para que isso possa ser operante na clínica, precisaremos retomar a linguagem como condição da pulsão, o que não é, senão, um outro meio de abordar as operações de alienação e de separação.

Como Lacan nos lembra no Seminário em que discute as operações de alienação e de separação, esbarramos em grande dificuldade ao tentar equacionar a relação entre o fluxo vital instintivo do ser e a linguagem. Afinal, por dependermos do significante, somos impotentes para pensar o que escapa à linguagem. É o que nos exige seja uma representação mítica da pulsão, seja um artifício topológico.

Para compreendermos a especificidade da pulsão, é preciso considerar a libido como um órgão irreal. *Órgão Irreal* que se define por *se articular ao real do organismo*, órgão que é parte e instrumento do organismo, entretanto, órgão que se encarna de um modo que nos escapa.

Como a libido se encarna no instinto vital do ser *produzindo o movimento pulsional?*

No gozo de seu fluxo vital, o ser registra os estados de tensão e de apaziguamento. Esses estados se alternam, devido ao suporte do agente da função materna, que lê e responde aos estados do ser tomando-os como significantes que apelam a seus cuidados. Na medida da resposta maternante, estabelece-se a temporalidade que esboça uma matriz simbolizante, já que um estado de tensão ou de apaziguamento remete-se ao estado de apaziguamento ou de tensão. Um termo remete a outro, num ciclo, permitindo o advento da antecipação de um termo por aquele outro termo que será substituído. Sobre tal funcionamento rítmico e em reciprocidade circular, incide o esgarçamento em que a antecipação já esperada não se constata. Essa quebra da substituição alternante é vivida pelo ser como incidência do real nessa matriz simbolizante: *o que deveria estar ali não está mais, um pouco mais e teria estado, foi perdido.* Assim, após ter sido perdida, a experiência de satisfação é situada.

O engajamento, em sua recuperação, mobiliza a *atividade pulsional* em que a manifestação do ser torna-se apelo ao retorno do seu *cerne* perdido. Nos significantes com que a resposta oferecida pelo Outro, a partir de então, se articula ao apelo, o sujeito é remetido ao que aparece no campo do Outro como resposta que lhe *concerne*. Seu apelo retorna em significantes, forçando, na resposta, eqüivalências substitutivas ao apelo de retorno à satisfação.

Nos cuidados maternantes, o agente da linguagem traça uma cartografia[36], mapeando – ao percorrer, distinguir, organizar e historiar - o organismo e seus orifícios. Nessa composição de um tecido significante, o corpo do ser é libidinizado: o gozo do fluxo vital é, assim, subtraído ao ser vivo, na necessária submissão ao esquadrinhamento da linguagem, que faz, deste ser, um sujeito.

Em sua atividade, a pulsão opera o movimento circular do impulso que, como apelo, sai através da borda erógena, para a ela retornar, na resposta do Outro. Esse retorno é feito do contorno do objeto perdido da satisfação, contorno que é substituição do fluxo vital pelos significantes que o Outro lhe oferece: representantes, figurações do objeto perdido. Assim, o sujeito começa no lugar do Outro, lá onde surge o primeiro significante: o apelo que o representa para outro significante.

O circuito – o *vai e vem* que constitui o alvo da pulsão, sai da zona erógena para ir buscar algo que, a cada vez, responde no Outro. Portanto, a incidência da linguagem no ser pode ser localizada como produção de um movimento: que emana do *ser* em direção ao alvo, só preenchendo sua função ao retornar ao *sujeito* e não mais ao ser. É o que define o movimento pulsional que representa, em si mesmo, a parte da *morte no ser vivo, que é chamado,* pela linguagem*, à subjetivação.*

Pela via da circularidade da pulsão, o sujeito irá atingir a dimensão de falta, também no Outro: os significantes se substituem, mas não se igualam. Entre ida e volta da pulsão, entre a substituição do apelo pela resposta, a heterogeneidade se destaca. Esse intervalo mostra uma hiância. E o que se pode chamar de atividade pulsional é propriamente o fazer-se no lugar dessa hiância. O sujeito reside aí, distingue-se aí, tira-se disso.

Colette Soler[37] nos lembra que as pulsões não falam, satisfazem-se na ação, silenciosamente, sem que se inscrevam no tempo, já que a

---

[36] Uso aqui um termo de Alfredo Jerusalinsky.
[37] Colette Soler, opus cit,pp.65-6.

estrutura temporal aí em jogo é o instante, tempo de encontro, que opera como corte na continuidade do tempo significativo. O sujeito não pode evitar ou deter a pulsão, não escolhe nem assume a pulsão. Por isso, o sujeito é dividido, não só pelo significante, mas também pela pulsão: algo não completamente inscrito ou escrito, que é a forma específica de satisfação encontrada pelo sujeito na pulsão.

Na clínica, trata-se precisamente de contar com a incidência do sujeito da pulsão, para aí reconhecer um trajeto, discretizá-lo, fazendo incidir o corte do significante na substância de gozo, cartografando-a e dando-lhe outra extensão!

Seria esse um caminho possível para a orientação do tratamento dessas crianças numa outra via de separação, numa lógica posicional em que a rede significante da linguagem aparelhe o organismo, balizando as condições de gozo, de modo que elas possam, assim, laçar o intervalo desejante?

II

A transferência na clínica com crianças

Para tentar uma aproximação do estatuto da transferência como meio do tratamento na clínica psicanalítica com crianças, considero, aqui, a necessidade de, antes, fazer trabalharem duas questões:

Como ler as *manifestações de uma criança?*

Qual é a *direção do tratamento?*

Para tratar essas questões, teremos que retroceder um pouco mais, e considerar a *estruturação do sujeito,* já que a relação entre *método de abordagem do sujeito* e a *lógica da constituição subjetiva* não se sobrepõem, mas não deixam de ter uma íntima relação, especialmente quando tratamos crianças nas condições que a *holófrase* lhes impõe.

1 – Sobre a estruturação do sujeito

Inicialmente é preciso mostrar como as operações implicadas na estruturação do *ser* em *sujeito* estão no campo da linguagem, através do que Lacan nos permite com a topologia do Nó Borromeano. E o que eu já tratei detalhadamente num livro[1], e que apresentarei, aqui, brevemente.

Considerar a constituição do sujeito numa trama confeccionada na lógica da efetuação da função da fala no campo da linguagem abre as descontinuidades encobertas pela concepção de desenvolvimento, que explica o sujeito pela evolução de um sistema de necessidades, num corpo que tenderia à acumulação adaptativa. Afinal, a noção de desenvolvimento se pauta pela maturação ou pela complexificação de um equilí-

---

[1] Cf. Angela Vorcaro, A criança na Clínica Psicanalítica, Cia de Freud, Rio de Janeiro, 1997.

brio crescente: um estado de maior equilíbrio superaria o estado que o precede e a este jamais retornaria. Ao contrário dessa perspectiva, seguiremos a lógica da trilha pela qual a unidade biológica de um ser, que está inicialmente no lugar de coisa operada por uma alteridade estruturada, reverte-se num sujeito estruturado, capaz de transmitir uma herança simbólica. Assim, poderemos distinguir a diacronia lógica em que o sujeito se constitui, sustentado pela sincronia de sua inscrição, na linguagem, dando vigência à afirmação freudiana de que o infantil é imperecível.

Parto, com Lacan, da hipótese da constituição do sujeito numa espécie de trama tecida das sobreposições das dimensões do Real, do Simbólico e do Imaginário. A topologia do nó borromeano mostra a articulação e a constrição das dimensões do Real, do Simbólico e do Imaginário, e um modo de constituir esse nó, a partir das operações de trançamento das três dimensões, tomadas como linhas infinitas e maleáveis, em seis movimentos. Suas posições permutam-se até retornarem à disposição inicial. Supõe-se aí que essas dimensões sejam incessantes e indestrutíveis; *por isso, cada uma compõe uma linha infinita ou um círculo.*

Ao aparecer, a criança é um ponto mergulhado na rede da linguagem, que amarra *um organismo irredutível, uma articulação de significantes* e *uma consistência ideal*: três heterogêneos que se deixam ler como coincidência que os sobrepõe num mesmo ponto. A rota desse ponto, mergulhado nesse campo que lhe impõe alteridade radical, será traçada.

Consideremos uma *posição zero*, que precede o início do trançamento, dando-lhe a condição de possibilidade. Trata-se do lugar em que o real do organismo neo-nato é inserido na realidade psíquica do agente materno, equivalendo ao *termo simbólico* que o localizava no campo discursivo antes que ele nascesse, e equivalendo, ainda, à consistência dos sentidos que interpretam suas manifestações, supondo-lhes intencionalidade subjetiva. Essa superposição *real* do organismo à posição *simbólica* investida *imaginariamente* pela alteridade de um agente, produz uma espécie de regularidade automática de alternância. Essa alternância é o mecanismo que opõe tensão e apaziguamento, ao mesmo tempo em que articula essa descarga orgânica de tensão ao apaziguamento da resposta dada pelo agente materno. É isso que poderá ser tomado, por aquele que o vive, como uma experiência de satisfação. Aí, presença e ausência intercalam-se na automaticidade que articula a resposta materna à manifestação da necessidade. Essa matriz simbólica, que se inscreve na alternância de dois estados, inaugura a condição de subjetivação. Nada há, de sujeito, nesse momento mítico. O que há é uma matriz simbólica acéfala que permite a alternância tensão e apaziguamento, colando o organismo à consistência imaginária que lhe é suposta pela mãe que lhe responde. Podemos, assim, distinguir o organismo como algo de *real*, a alternância entre os termos (tensão e apaziguamento) como *simbólica,* e a consistência dos sentidos em que o agente materno interpreta o organismo como *imaginária.* É o que nos permite planificar Real, Simbólico e Imaginário – R.S.I. - como três linhas vizinhas e maleáveis, que sofrerão deformações contínuas.

Consideremos, agora, um *primeiro movimento:* incidência do real nessa matriz simbólica. O funcionamento dessa matriz no organismo pode ser caracterizado como um funcionamento simbólico, ou seja, funcionamento presidido pelo movimento que articula tensão e apaziguamento. Quando, por efeito do próprio funcionamento significante, essa alternância não se mantém, o organismo é afetado por uma descontinuidade. É o que nomeamos incidência do real no simbólico. Nesse esgarçamento que perfura a matriz simbolizante, situamos o primeiro movimento da trança.

O *segundo movimento* é a superação dessa descontinuidade no funcionamento, que exige o retorno da equivalência à situação de plenitude anterior. Mas os objetos oferecidos para a satisfação ao gozo do ser não possibilitam o reencontro do gozo pleno supostamente havido antes. Esses objetos ressublinham o traço da diferença entre gozo esperado e gozo obtido, que está cunhado no sujeito. A criança situa o *agente da privação*, que ela ressente, na alteridade materna e, portanto, localiza nela a possibilidade de satisfação, supondo nela o saber sobre seu gozo. Assim, a falta real no simbólico é recoberta com a *imaginarização* do agente materno. O segundo movimento, portanto, é caracterizado como uma incidência do imaginário no real.

No *terceiro movimento*, a mãe imaginada onipotente deixa-se pressentir afetada em sua potência. Ela demanda à criança o que a criança não sabe dar. Aí, duas faltas se recobrem sem reciprocidade. A criança tenta determinar o desejo materno e se oferece como termo que o contempla, ocupando o lugar fálico a que pode supor equivaler. No pressentimento do falo constituindo uma falta na mãe - falta que não consegue recobrir, mas supõe preencher - traça-se o *perfil da estrutura simbólica*. Nesse lugar fálico, a criança opera simbolicamente, lidando com a falta. Portanto, nesse terceiro movimento, o simbólico recobre o imaginário: a criança propõe-se como falo, tentando determinar o desejo materno, encarnando-se como termo simbólico que equaciona a falta pressentida na mãe. Mas o pilar é frágil e sem saída. Oferecer-se como falo ao desejo materno é fazer-se de objeto e anular-se como desejante. Nesse terceiro movimento, temos a incidência do *simbólico* no *imaginário*.

No *quarto movimento*, a criança pressente que essa posição que ela adota, a posição de *signo*, não se sustenta. Por mais que a criança se dê, ela não é o falo materno, não satisfaz a mãe. E se ela pode supor-se sê-lo, ela não tem como defender-se, será engolida e anulada. Por esta via, a criança precisa buscar algo que a defenda do desejo materno. É o que a conduz a deparar-se com *algo de real* que priva e interdita a mãe. A criança constata que há um constrangimento que incide nelas, obstáculo intransponível entre criança e mãe. Nesse quarto movimento, realiza-se, portanto, *o esgarçamento real do simbólico que repete, na trama complexificada*, o primeiro movimento; e, ainda, integra todos os outros.

No *quinto movimento*, o obstáculo intransponível entre criança e mãe será transformado, pela criança, no mito da onipotência paterna: ou seja, a impossibilidade real de ser o objeto do gozo materno é reencontrada, imaginariamente, *personificada em pai*, mitificado em sua onipotência. Apesar de terrível, por lhe tirar a mãe, defende-a da voracidade materna ilimitada. Toda a transição mítica que articula a idealização, o temor e a agressividade é aí produzida. Neste quinto movimento, cuja estrutura repete, com outro elemento, o segundo movimento, perfaz-se o recobrimento imaginário do real.

O *sexto movimento* é efeito da exaustão combinatória da articulação das formas da impossibilidade de *ser o falo materno*, que esgota a permutação da relação imaginária da criança com o real. Produz-se a metáfora paterna, o sexto movimento da trança, em que o simbólico ultrapassa o imaginário. O falo imaginário é posto fora de jogo e substituído por uma unidade de medida que regula as relações entre desejo e lei, e confere a eles uma lógica. A criança pode *supor um saber ao pai;*

A TRANSFERÊNCIA NA CLÍNICA COM CRIANÇAS   63

àquele que é capaz de dar à mãe o que ela deseja, ou seja, a criança situa o pai no lugar em que *ao menos um* sabe o que ela quer. A criança encontra o termo simbólico que barra a sua posição de equivalência fálica e cria algo mais: o título virtual que sustentará a sua identificação ao elemento mediador do campo simbólico, elemento mediador que estrutura a orientação da relação à alteridade. O sexto movimento, portanto, *faz reincidir no simbólico o que, no terceiro movimento, teve caráter imaginário.*

Notamos, assim, o percurso em que o sujeito se inscreve no simbólico que lhe pré-existe. Afinal, é a partir desse investimento fálico, da alteridade na criança, que se traça a incidência da ordem significante. Trata-se do funcionamento que se instaura *a partir da função imaginária do falo,* que irá promover a *operação metafórica do Nome-do-pai,* permitindo ao sujeito *evocar a significação do falo.* Dessa forma, o sujeito carrega a causa que o fende: o significante, que lhe permite inscrição pela perda, que só existe depois que essa simbolização lhe indica o lugar.

Entre a experiência em que a criança recebe atribuição fálica e a constituição de sua significação, temos o *lapso que a trança percorre,* na estrutura temporal reversiva em que *a castração retroage ao recalcamento originário para lhe conferir significância,* nesse *aprés-coup,* que promove a articulação circular que não é recíproca. Portanto, se essa trança ordena a estruturalidade de um sujeito constringido pelas dimensões Real, Simbólico e Imaginário, seus movimentos não se superam, eles se mantêm na constrição que os enlaça.

O que foi considerado no trançamento implica a retroação que lhe confere sua condição circular, mas, cabe ressaltar, o nó borromeano não é a norma para a relação de três funções. A articulação R. S. I. só incide num exercício determinado pela versão em que o sujeito se inventa situado em relação à função paterna, ou seja, o nó borromeano é sempre *pai-vertido,* perversamente orientado. Por isso, a constrição que mantém R.S.I. ligados é sempre singular e enigmática.

As sobreposições em que o Real incide no Simbólico e este, no Imaginário, encurralam-se num ponto central que demarca a causa vazia da realidade psíquica de um sujeito desejante: o objeto que viria satisfazer seu gozo é um objeto insensato do qual não há idéia. Atribui-se a tal objeto uma letra: a, *objeto a*, cerne do gozo, *que só é reconhecível pelos resíduos de seu esfacelamento em objetos pulsionais*. A insuficiência de qualquer gozo que lhe venha em suplência é constrição imposta pelo *objeto a,* inatingido *gozo a mais,* alocado no exterior mais central da escrita do nó borromeano. O nó escreve as condições de gozo e permite contar os seus resíduos: as intersecções entre os círculos notam as modalidades do gozo, por falta do gozo pleno que não há. E a realidade é abordada com os aparelhos do gozo, que a linguagem permite, enquanto articula e faz prevalecer articulações privilegiadas entre o Simbólico, o Imaginário e o Real.

É tomando a constituição subjetiva, formação do inconsciente, como o que define a condição de criança para a psicanálise, que podemos considerar que todas as operações implicadas na estruturação do ser em sujeito estão no campo da linguagem, terreno em que a função significante é realizada, imaginarizada e simbolizada, em dois blocos distinguíveis: no primeiro (os quatro primeiros tempos), a criança *simboliza metonimicamente a função significante,* alocando-se no reconhecimento de que poderia responder do lugar em que se supõe esperada, como objeto do desejo de um outro – *reconhecendo-se como falo*; no segundo (os três últimos tempos), a criança *simboliza a função significante metaforicamente*, remetendo-se, como sujeito, à *significação do falo.*

Afinal, a função significante incide como real na individualidade do organismo, desde que ele é nomeado, situado na relação a uma linhagem e a um discurso. Tomada pela alteridade, essa individualidade orgânica realiza-se enquanto distinção, pela contingência da função do traço que a separa de sua imanência vital, na singularidade do que é aí cunhado, resíduo que barra o mero fluxo vital e garante a inscrição da alteridade.

A imaginarização dessa função significante é efeito do malentendido do gozo pleno que aparelha o gozo possível (fálico), no desdobramento do jogo permutativo, entre significantes, onde se sublinha a equivocidade: o Outro comparece como falta modalizada no fantasma, assim constituído, em que o desejo se apoia. O indivíduo se *corporifica* no ordenamento pulsional, fomentando a reciprocidade entre gozo esperado e gozo obtido: a *equivalência* almejada *encontra a diferença* e *a repetição da não-identidade a reencontra, defeito de realização que sustém a insistência do desejo.*

A TRANSFERÊNCIA NA CLÍNICA COM CRIANÇAS

Essa função significante, como diz Erik Porge[2], é simbolizada na medida em que o sujeito se posiciona referenciado no traço de sua diferença absoluta: a única medida comum é a inexistência de medida comum, que o impede de designar-se em equivalência, e o constringe a ser representado entre significantes. Nesse encurralamento, um sujeito objetiva-se - discórdia entre o que teria sido para o outro *(a representação do outro)* e o que supôs ser *(o representante representativo).* A função fálica em que o ser toma inscrição encontra o limite na existência do que nega essa função: - a barra - função do pai, onde $<<\cancel{\$}>>$ só se relaciona ao que está inscrito do outro lado da barra $<<a>>$, que prende o sujeito ao fantasma da causa do seu desejo, o Outro.

Trata-se, assim, da *torção subversiva* da condição de equivalência à posição que lhe é conferida na linguagem (sendo contado como alguma coisa que para alguém é signo), para *a asserção de sujeito na condição de incomensurabilidade que o singulariza como desproporção* (não sabe representar-se, não equivale à posição que um outro lhe confere, nem à posição em que supôs situar-se, só se incluindo em sua contagem, entre significantes), ou seja, barrado, *separado de sua significação*[3]. Nessa lógica, não há realidade prévia ao funcionamento da linguagem. Trata-se *da suplência ao gozo* jamais obtido e do *aparelhamento para o gozo possível*, em que tudo se ordena discurso.

Criança, portanto, é a consistência imaginária que se dá a essa lógica temporal de extração de um sujeito a partir da imanência vital, percurso estruturado a partir de sua posição numa estrutura que o precede. Ordena-se pela referência à significância, sobredeterminado pela posição significante que exerce na compulsão à repetição, nas palavras de Jerusalinsky[4].

---

[2] Erik Porge, *Psicanálise e tempo*, Rio de Janeiro, Campo Matêmico, 1994.

[3] Idem.

[4] Alfredo Jerusalinsky, Pequena história do tempo lógico, *Cem anos de psicanálise*, Slavystsky, Brito e Souza (orgs.), Porto Alegre, Artes Médicas, 1993.

2 – As manifestações da criança

Cabe, agora, a interrogação: *como podemos reconhecer, nas manifestações concretas de uma criança, a sua condição de estruturação, com base nessa lógica da estruturação subjetiva?*

Certamente, a observação de crianças produz malentendidos, como alertou Freud, pois ela condena as manifestações da criança a serem tomadas a partir do *ideal da transcrição*, comum à codificação da clínica psiquiátrica ou do *ideal da tradução*, deriva do sentido, típica da compreensão psicológica[5]. Nos dois casos, longe de assumir a dignidade de enigma, suprime-se o que a criança confina de real. Enfim, na observação descritiva ou tradutiva, a criança é dado natural, é transparência.

Para a psicanálise, o que define a condição da criança é a constituição subjetiva, a formação do inconsciente, portanto, opacidade resistente a eqüivalências que o código prévio ou o sentido supõem.

Localizar a criança na temporalidade de sua estruturação é condição primordial de sua abordagem pela psicanálise. Nessa perspectiva, a consideração do material inchado, em que a consistência da criança se faz presente sugerindo sentidos *(tanto nos seus jogos, narrativas, desenhos e movimentos, quanto na apresentação em que seus pais a implicam),* está em função da determinação das constrições da relação do *infans* à alteridade estruturada.

A despeito da prevalência imaginária dessa consistência, o ponto em que a condição da criança se efetua pode ser resgatado - desde que se confira estatuto de significante à rede de recruzamentos em que ela se mostra e é apresentada, despejando sentidos, em que se pode reconhecer uma estrutura. O que comparece nessa rede é *ciframento a ser decifrado* e não um *sentido apreensível*. Assim, nas manifestações da criança (aí incluído o que dizem dela), o ciframento da relação da criança à alteridade poderá se distinguir, nodulado ao *registro imaginário que produz sentido, à articulação significante que apresenta a consistência da criança, e ao real que os causa.*

---

[5] Cf.: Angela Vorcaro, *A criança na clínica psicanalítica*, Cia de Freud, Rio de Janeiro, 1997.

A TRANSFERÊNCIA NA CLÍNICA COM CRIANÇAS   67

Para abordar o real da clínica pelo único meio que o permite, ou seja, o simbólico, que o situa ao conferir-lhe estatuto de coisa, há que se recuperar a incidência dos acidentes, que demarcam o ponto lógico das contingências do processo de estruturação subjetiva na coincidência de suas manifestações com a lógica da constituição do sujeito. Contemplam-se, assim, condições necessárias, mas não suficientes para a leitura do texto hieroglífico escrito pela criança em suas manifestações.

As manifestações da criança compõem vários registros e emergem como elementos distintos que se interpõem e entrecruzam-se na composição do texto de sua realidade psíquica.

2.1. - Incidências do fantasma e do sintoma na criança

Antes de abordar a vasta questão do sintoma e do fantasma na criança, é preciso discutir, como questão preliminar, a encarnação da criança enquanto fantasma e o ciframento em que ela opera sintomas. Esse passo é necessário para que seja possível discutir as condições de possibilidade de a criança alçar, da posição em que o agente do Outro a toma, seu próprio fantasma e suas decorrências sintomáticas na *'insondável decisão do ser'.*

As relações da criança com o fantasma e com o sintoma ganharam sua formulação inaugural nas notas de Lacan a Jenny Aubry[6]. Elas serão aqui retomadas.

O enodamento RSI, trançado nas operações lógicas da estruturação subjetiva, depende da matriz simbólica, que veicula a consistência imaginária por meio do atravessamento e do encobrimento do real do organismo infantil. Afinal, esse objeto criança não pode prescindir da animação da estrutura operada pelo agente de seus cuidados. Esse Outro primordial, a mãe, atribui ao *infans* um lugar e uma significação, que não pode senão alienar-se na condição de objeto de um outro, funcionando dessa posição. Como objeto, o *infans* é alguma coisa para alguém e está submetido a isso.

A subjetivação implica que a criança possa destacar-se desse lugar de alienação, encontrando uma posição que não coincide com aquela

---

[6] Jacques Lacan, Dos notas sobre el niño, *Intervenções e textos 2,* Buenos Aires, Manantial, 1991.

que lhe é atribuída. Trata-se de poder aludir a uma significação singular. Isso implica defender-se do querer do outro, defender-se de ser reduzida a seu corpo. Nessa perspectiva, como diz Contardo Calligaris[7], qualquer sujeito se estrutura numa defesa, qualquer tipo de estruturação do sujeito é uma estruturação de defesa. Essa operação de defesa, de separação, é um certo tipo de metáfora. Ela implica:

- que a significação do sujeito prevaleça sobre o organismo;
- que uma significação possa substituir a condição de ser um objeto para um outro;
- que o sujeito se organize em torno de uma unidade de medida, segundo a qual ele possa:
- orientar-se em relação à significação das coisas no mundo;
- orientar-se em relação ao lugar em que ele coloca o outro e ao lugar em que se coloca;

    Para essa estruturação, enfim, é preciso:
- que algo prevaleça sobre o querer do outro do qual é objeto;
- que algo permita reter um saber sobre o que seria esse querer do outro.

Estar implicada como correlativa do fantasma da mãe, ser objeto do fantasma da mãe, é, como diz Sauret[8], uma condição de sobrevivência, sem que seja, entretanto, condição suficiente para a constituição do sujeito. Afinal, sem transpor a condição de objeto do fantasma para a posição de significante do desejo, o valor de filho como substituto do falo é dissolvido, ou seja, a metáfora infantil, como Miller[9] a batiza, ameaça o desejo de falo da mulher por ser capaz de saturá-lo e, ainda, por poder fixar o *infans* a uma identificação fálica. Ao situar a equação filho-falo como metáfora infantil, Miller não retira dela todas as suas conseqüências. Se ele diz que tal metáfora será bem sucedida ao fracassar, podemos afirmar que essa metáfora infantil triunfará, uma vez que se realize como

---

[7] Contardo Calligaris, *Introdução a uma clínica psicanalítica*, Salvador, Cooperativa Cultural Jacques Lacan, 1986.

[8] Marie-Jean Sauret, O Infantil e a Estrutura, Conferências em São Paulo, 29-31 de agosto de 1977, Escola Brasileira de Psicanálise, 1998.

[9] Jacques-Alain Miller, A criança entre a mulher e a mãe, *Opção Lacaniana*, São Paulo, 1997.

tal. Ao ater-se à condição mesma de metáfora, fracassa, portanto, não enquanto metáfora, mas enquanto colagem a um dos termos que ela distingue: identificação da criança ao falo ou saturação do desejo de uma mulher através de seu filho. O valor metafórico da criança é o corte que, enquanto metáfora, a criança promove, ao dividir o agente materno em mãe e mulher, pois, ao mesmo tempo em que preenche a mãe, não satura o desejo de uma mulher. Mas, mais ainda, por meio desse corte, que distingue o agente materno em mãe e em mulher, cria o acesso da criança a um acréscimo de sentido: a significação fálica.

Esse valor de substituto fálico de uma criança ficará dissolvido se promover, pela via da função materna, a saturação do desejo da mulher. Como Lacan afirma: *'o amor materno só se sustenta na referência à lei do desejo, se uma mulher, enquanto mãe, permanecer, para um homem, a causa de seu desejo'*.

Desde o Seminário IV, Lacan formaliza a relação mãe-criança atravessada pela função paterna. Isso implica que a incidência da função paterna sobre o desejo materno determina a condição de possibilidade de constituição do sujeito. É o que a metáfora paterna contempla, a saber, que o Nome-do-Pai constrinja o desejo materno à lei. Isso quer dizer: que a mãe não esteja dissuadida de encontrar o significante de seu desejo no corpo de um homem, e, como diz Miller, que a criança não sature, para a mãe, a falta em que seu desejo se apóia, ou seja, que o objeto criança esteja na condição de não-todo, não seja tudo para o sujeito materno, cujo desejo deve ser atraído por um homem e dirigir-se a ele.

O saber com o qual a criança se defende implica que a mulher permita à criança supor que ao menos um sabe lidar com a sua demanda materna. A criança vai então defender-se, como diz Calligaris[10], jogando com o saber daquele que é suposto capaz de enfrentar o querer caprichoso do Outro. A criança se constituirá sujeito neurótico nessa relação com alguém que sabe enfrentar e solucionar o perigo desse abismo de tornar-se presa do Outro. Portanto, o sujeito neurótico, que pode confiar num agente desta função paterna, está referido a um saber. É o que lhe permite habitar um mundo orientado, organizado ao redor de um ponto central

---

[10] Opus cit.

ao qual todas as significações se devem e pelo qual todas as significações se medem. A referência a esse ponto central decide o valor de qualquer coisa do mundo. O sujeito então se estrutura a partir de um saber suposto ao pai, que substitui o que foi constituído na operação anterior de alienação ao Outro primordial.

A organização referida a um ponto orientador decide o valor de cada novo ponto encontrado pelo sujeito, permitindo que ele meça sua relação a qualquer outro que ele encontre. O neurótico tem essa referência privilegiada que distribui, nesse campo, as significações, ao mesmo tempo que essa referência lhe promete uma significação própria. O ganho de sua filiação é a defesa feita com o saber suposto e localizado no agente da função paterna: um pai que sabe lidar com o desejo materno e que pode decidir; um pai que sabe operar o querer da mãe e o querer da criança, e é essa lei que dita a impossibilidade de uma se perder na outra. As duas, mãe e criança, estão submetidas a essa lei, a que a criança se filia como sua referência central, a partir da qual pode avaliar sua significância e o significado das coisas para si.

Cabe, agora, perguntar: *a que fantasma o sintoma da criança diz respeito?*

As relações de implicação entre o sintoma e o fantasma não estão bem distinguidas na teoria e na clínica, especialmente porque, enquanto o sintoma está submetido ao funcionamento simbólico, sendo portanto uma cifragem, um enigma que interpreta e demanda interpretação, o fantasma incide não como funcionamento, mas como inércia, como o que escapa a essa cifragem, numa lógica regida pela falta no campo significante: um real do simbólico, que subsiste separado do modo de manifestação do sintoma. Nos termos de Jerusalinsky[11], o fantasma é o que o sujeito é, enquanto o sintoma é o modo como o sujeito se defende do que ele é.

É dessa perspectiva que vale distinguir entre o fantasma da criança e o fantasma da mãe. Podemos situar a abordagem de Lacan nas notas a Jenny Aubry, em que ele diferencia as posições do sintoma da criança como representante da verdade:

---

[11] Alfredo Jerusalinsky, Seminário de Clínica Psicanalítica com crianças, São Paulo, 15/04/96.

- Respondendo ao que há de sintomático na estrutura do laço parental.
- Encarnando o objeto a no fantasma materno.

No primeiro caso, a criança pode cifrar a tensão entre o desejo materno e a mediação paterna. Portanto, ela interpreta o laço parental e destaca-se da mera alienação. Isto implica que, no sintoma, ela faça recurso ao saber, ou seja, que o sintoma recorre a algo que se inscreve por via da função paterna, mesmo que seu fantasma sirva-se exatamente do que não funciona nessa função.

No segundo caso, a criança realiza o objeto a no fantasma materno, colando sua identificação à parte tomada do desejo da mãe. A criança fica exposta a todas as capturas fantasmáticas, convertendo-se em objeto da mãe, revelando, sem poder interpretar, a verdade desse objeto. Como diz Lacan, ela satura, nesse caso, a falta em que se especifica o desejo materno, dando-lhe corpo, aparecendo no real imediatamente acessível. Essa posição no fantasma materno impede a constituição do fantasma na criança. Seus sintomas, localizáveis nos autismos e nas debilidades, estariam portanto sob a incidência do fantasma materno e não de um fantasma que lhe seja próprio.

Dessa perspectiva, podemos considerar que o caráter inerte e apartado do fantasma, em relação ao campo significante, estaria implicado na fenda aberta num lugar de impossibilidade do exercício da função paterna, relativo ao limite do saber atribuído ao pai. O pai permitiria preservar um lugar de gozo demarcado pelo saber; gozo que remete ao laço com o Outro primordial, num lugar onde o pai não coincide com a sua função, não está à altura de sua função, lugar onde essa unidade de medida, dada pelo portador da lei, seria passível de ser transposta. Tal lugar pode ser tão amplo a ponto de a criança nem chegar a contar com seu fantasma, subsistindo às custas da perversidade materna, ou pode ser pontual, situação em que ela chega a montar o seu.

2.2. – O discurso parental: uma das incidências da transferência:

O discurso parental é parte das manifestações da criança, porque a leitura que fazem, atribuindo consistências à criança, referenciam o texto em que ela se aloca. Freud aponta uma posição específica da transferência ligada à relação entre a criança e seus progenitores. Afinal, os artefatos com que a criança responde à insuficiência subjetiva exigem discernimento entre a queixa, que poderá tornar-se demanda da criança endereçada ao analista, e a posição de identificação, que pode situar a criança *como sintoma*[12], que responde ao que há de sintomático na estrutura familiar, ou *como verdade* do objeto de desejo materno, revelando a sua captura como correlativa do fantasma daquela.

A posição de afetamento que conduz um sujeito a supor um saber no analista é exercida pelos pais, antes de ser, e para que possa ser, exercida pela criança. Antes que ela possa tomar-se como elemento do seu pensamento e ser surpreendida por suas próprias manifestações, a ponto de indagar-se sobre *o que isso quer dizer*, é a surpresa que ela causa à alteridade que se faz interrogante de opacidades que apelam a um saber, que solicitam a suplência da função de agentes da subjetivação, ou que constatam uma desistência. Portanto, o incômodo que conduz uma criança até o analista implica-a, primeiramente, enquanto suporte material de uma queixa. É o que faz da criança o significante de uma demanda (de saber ou de desconhecer) emergente dos agentes dos dispositivos sociais que a concernem.

Portanto, até que seja possível qualificar como demanda de saber o que está efetivamente em jogo, a demanda é tão mais acéfala quanto mais estiver encarnada na materialidade da criança. O atravessamento da *criança-sintoma* pelo *sintoma da criança* implica o paradoxo que a condição de criança demarca: mesmo sem estrutura já decidida da gestão do desejo, é possível e imperativo localizar e diferenciar os sujeitos que formulam a demanda, para que a especificidade da formulação possa tornar-se demanda endereçada e fazer laço transferencial.

---

[12] J. Lacan, "Dos notas sobre el niño", *Intervenções e Textos 2*, Buenos Aires, Manantial., pp. 55-7.

A TRANSFERÊNCIA NA CLÍNICA COM CRIANÇAS 73

A transferência só sustém a análise de uma criança se for incidente nos agentes paternos. O discurso parental cifra uma leitura na qual reconhecem as manifestações como atos prenhes da significância que eles, no mínimo, demarcam, mesmo quando se julgam impotentes para interpretá-la, recorrendo então ao analista. Eles demarcam obstáculos e os interrogam, pedindo resposta. Decorre daí a importância de considerá-los como parte do texto que traça questões ou pontua lacunas para a própria criança, que nelas se engaja com maior ou menor vigor e que delas se diferencia ao articular as suas próprias demandas.

Como diz Erik Porge[13], o mínimo que o analista deve e pode fazer, a partir do momento em que os pais o procuram, é a transferência. A diferença da transferência na criança é que ela não substitui uma neurose comum. Estados neuróticos em crianças já são neuroses de transferência: *<<O sintoma da criança é simultaneamente o representante, para os pais, de um saber suposto, que a criança esconde, não diz, e que o analista deveria descobrir>>*[14]. Há, nessas situações, uma ruptura na transmissão de saber que se produz no laço familiar. A criança, sujeito suposto saber para seus pais, surge no ponto de falha do saber, como produto. Sua perturbação manifesta o ponto de ruptura naquilo que não é mais transmissível ao grupo social, a um lugar terceiro, a fim de que sua mensagem chegue a um destino, a criança fala para os bastidores, fala a um personagem que não está em cena. Esse ponto de ruptura da transferência em relação aos pais ou a um dos pais é o ponto em que não se é mais bom entendedor, onde há uma falência, em que não se escuta a divisão do sujeito em sua mensagem. Os pais recusam a transferência, confundindo o enunciado da mensagem a ele(s) endereçada com o lugar terceiro a que tal mensagem é destinada, e de onde pode retornar ao sujeito.

A solicitação ao analista é a de que ocupe um lugar equivalente àquele que o romance familiar representa para a criança, restabelecendo o pedestal do qual os pais cairam. Restabelecer essa transferência posta à prova é o que, na melhor das hipóteses, faz o analista. A transferência particular ao analista é essa transferência para os bastidores. Assim, con-

---

[13] Erik Porge, A transferência para os bastidores, *A criança e o psicanalista, Littoral*, Rio de Janeiro, Cia de Freud, 1998,pp.7-19.

[14] Idem, p.11.

clui Erik Porge, há um limite estrutural da análise da transferência amorosa criança-analista. Afinal, o interdito efetivado que se realiza na psicanálise com crianças não está no mesmo plano do impossível da relação sexual. Isso deve ficar inacabado, o analista deve saber parar a análise a tempo.

No tratamento de uma criança, não se pode falar em repetição, uma vez que as coisas não estão nem completamente instituídas, nem completamente elaboradas. Trata-se de pontos de estancamento, de encalhe num percurso em construção. Enquanto a repetição faz referência à estrutura do sujeito; na criança, é impossível falar de estrutura acabada. Quando os analistas falam de criança histérica, obsessiva, psicótica ou perversa, fundamentam-se apenas nos sintomas e não na estrutura, no sentido diagnóstico do termo. Assim, José Attal[15] introduz o que está em jogo na clínica psicanalítica com crianças. E continua:

<<*a criança nunca vai mais além daquilo a que seus pais a autorizam; isso é ilustrado, em geral, por um não dito, acarretando em eco essa aptidão particular às crianças para responder num registro de não saber, que se pode ouvir como: "Eu não tenho esse saber", cujo ponto extremo nada mais é que a debilidade. Portanto, vou situar muito mais essa forma de repetição específica da criança como insistência de uma fala, insistência de uma questão.[...] Esses pontos de estancamento, esses pontos questão, relacionam-se com aquilo que ela é no lugar particular que se lhe atribui num mito familiar, ou num lugar de objeto de gozo, por exemplo; de qualquer maneira, em relação com os significantes familiares e, em primeiro lugar, [com] o significante "criança"; a criança está sempre intimamente associada à castração de seus genitores.[...]esse lugar da criança é perfeitamente modificável na fantasia parental, a partir do momento em que os pais não são postos de lado e que alguma coisa se analisa também com eles (não sem efeitos, decerto, e às vezes dramaticamente), permitindo à criança dar um passo a mais. A partir daí é impossível falar de estrutura acabada na criança*>>[16] .*

---

[15] José Attal, Transferência e final de análise com criança, *A criança e o psicanalista, Littoral,* Rio de Janeiro, Cia de Freud, 1998,pp.51-58.

[16] Idem, pp.54-55.

A TRANSFERÊNCIA NA CLÍNICA COM CRIANÇAS   75

Para Attal, o analista tem que suportar a transferência familiar na qual freqüentemente irrompem três gerações. No que se refere à transferência, o analista é instituído num duplo lugar: sujeito suposto saber para os pais e sujeito suposto advinhar para a criança, para quem a fala do analista ressoa no "como você advinhou?" Nesta modalidade de sujeito suposto saber, do analista, evidencia-se que a criança está no momento atual de constituição do recalque.

De acordo com a posição da criança, o saber textual situa-se num duplo nível: da criança e do discurso que um dos pais ou os pais mantêm sobre a criança. O analista, portanto, está no lugar de suportar uma transferência de dois lados, já que não pode ser, para ele, espantoso, que os pais lhe demandem algo para seu filho. No fim do tratamento de uma criança, pode-se tocar no momento em que um sujeito cai de sua fantasia (a destituição subjetiva). Mas o sujeito aí em causa não é a criança e sim os pais ou um dos pais que constata(m) a destituição da posição subjetiva do filho na sua fantasia. Este é o preço para fazê-lo passar de uma dimensão de pertinência a uma dimensão de existência. Nesse momento, a criança constitui uma estrutura, está, portanto, em condição de cura.

2.3. – Rumo à Interpretação: a tensão entre a leitura prévia que a interpretação requer e a   interpretação como condição para a leitura.

A aproximação à realidade psíquica da criança implicará o recolhimento do tecido significante, localizando, nele, marcas que balizam a sua constituição subjetiva, reconhecendo as senhas que poderão permitir operar sua leitura. Deter-nos-emos, portanto, em tal aproximação, em que a interpretação implica as operações de *tradução, transcrição e transliteração*. Se, na clínica, elas se entrecruzam numa trama, nem por isso podem deixar de ser distinguidas[17] .

Uma operação pode ser denominada *pontuação*. Ela se aproxima da tradução na medida em que visa o encontro de uma orientação e

---

[17] Cabe lembrar que a construção que faremos aqui é tributária do que a análise da leitura lacaniana das produções de Hans, feita por Jean allouch, esboça.

implica certas decisões, em que o peso imaginário da referência teórica tem incidência, e determina uma certa localização da criança numa hipótese.

Trata-se de tomar o tecido significante articulado pelos sentidos, ressaltar as incidências e fisgar as insistências, para buscar a montagem que o estrutura. A localização de mal-estar na criança está em função das contingências de aparelhamento ao gozo possível, que podem implicar e/ou determinar sua constituição subjetiva; respondem à articulação de suas perdas e às modalizações de sua cessão ao Outro.

Pontuar o complexo significante é distinguir diferentes conjuntos de elementos em jogo, naquilo que Allouch[18] chamou de *configurações sintáticas*, permitindo uma primeira demarcação. Esses conjuntos obedecem à estrutura quaternária do tempo lógico do ato[19], composto, portanto, do movimento tensionado pelas escansões que o desencadeiam e que o detêm.

A condição dessa pontuação, pelo analista, é, como aponta Jerusalinsky[20], que a criança seja tomada como enigma, sem o que não estamos dispostos a que nosso saber tropece numa borda. Esse é o mínimo indispensável à interrogação: *que quer dizer?* ou seja, pressupõe quatro termos: um sujeito, o Outro, uma interrogação e um dizer. Nessa perspectiva, a operação clínica se aproxima da montagem própria à estruturação do sujeito.

Portanto, pressupõe:

---

[18] Jean Allouch, *Letra a letra*, Rio de Janeiro, Companhia de Freud, 1995, especialmente o capítulo quatro, onde o autor esclarece a leitura que Lacan fez de Hans.

[19] Podemos pensar no tempo lógico do ato, considerando o instante de ver, o tempo de compreender o momento de concluir, tal como formula Lacan:

(1)   a tomada pela alteridade em que a criança atesta estar referenciada;

(2)   a modalização do seu engajamento nos desdobramentos da relação que ela estabelece a partir daí, numa vacilação;

(3)   (4) o ato que o soluciona numa precipitação subjetiva; (3) a conclusão, ato virtual que precede o ato propriamente dito, só apreensível, entretanto, na sua posterioridade, modulada no ato (portanto,

(3) só é situável depois de (4)).

[20] Em seminários realizados em São Paulo, 18 e 19 de agosto de 1996, inéditos. Seguiremos sua perspectiva, neste parágrafo.

A TRANSFERÊNCIA NA CLÍNICA COM CRIANÇAS

- um *sujeito*;
- o *Outro* do qual este é sujeito;
- um terceiro que interroga essa relação, atravessando o espelhamento, naquilo que rompe a mera especularidade e produz uma *enunciação;*
- um dizer, ou seja, a enunciação significante que é seu *produto.*

Nessa lógica quaternária, a criança está implicada em *dois vértices (o sujeito e o Outro)*, portanto seccionados por um instrumento de *corte* (uma interrogação) e suturadas num dito que deixa escorregar seu *produto: uma enunciação.*

Outra operação de leitura das manifestações da criança é a *seriação.* Trata-se de um modo de barrar o imaginário que opera na *pontuação*, por meio da colocação em série das configurações sintáticas, ou seja, operando uma transcrição desses conjuntos num alfabeto ordenado. A listagem é indispensável para essa operação. Compondo uma listagem de configurações sintáticas, ainda com Allouch[21], permite-se sua praticabilidade, ou seja, situa-se a função dos elementos e de seus efeitos, apreendendo as dificuldades de sua legibilidade[22]. Através da comparação dos elementos e de seus efeitos em cada configuração sintática, Lacan reencontra, com Lévi-Strauss, a função do mito, que

<< *possui, pois, uma estrutura folheada que transparece na superfície, se é lícito dizer, no e pelo processo de repetição. Contudo [...], as camadas*

---

[21] Idem, pp. 81-3.

[22] Allouch esclarece a função da lista, ao dizer que a lista tem um papel específico: nomeia o traço de pertinência que regula a lista. Tal traço implícito será revelado pela lista, ao realizá-lo, permitindo decidir a pertença de novos elementos a ela. Esse apoio tomado na lista permite uma série de operações que poderiam fracassar se não fossem registradas. As operações que dão praticabilidade à lista são: as inversões; a exaustividade; a enumeração; as correlações (caso em que a articulação entre duas listas permite uma terceira, de outra ordem); o estabelecimento de hierarquias (por exemplo, as configurações sintáticas fixas, as que estabelecem giros de posição, as que se complexificam); e as classificações (que permitem levar a análise mais adiante, autorizando, por exemplo, o destacamento de significantes pertinentes).

não são jamais rigorosamente idênticas[...] o objeto do mito é fornecer um modelo lógico para resolver uma contradição >>[23].

Outra operação de leitura das manifestações da criança é o *decifra-mento*, que situa propriamente a *transliteração*. Trata-se da leitura que se destaca num testemunho, escreve. Transpondo formalmente o sedimen-to que liga os elementos alfabéticos, permite-se o esgarçamento do teci-do significante que, pelo efeito de retroação que sua incidência promove, faz aparecer a trama que o tece; trama simbólica que situa o valor das manifestações na posição e nos impasses que a constringem. Tal cifração é transposição formal que se presta à refutação.

3 – De onde analista interpreta? As Perspectivas da Interpretação:

Ao escrever sobre a direção do tratamento, Jacques Lacan[24] aponta a impropriedade conceitual da contratransferência, dizendo que o que justifica o conceito é que os analistas julgam óbvio que uma análise traga consigo os traços da pessoa do analisando, e que acreditam nos efeitos que a pessoa do analista surtiria nele. Fazer intervir seus sentimentos em sua ação sobre o paciente é fazer escapar a idéia que possa fazer dessa ação, é dirigir o paciente, em vez de dirigir o tratamento. É a impotência em sustentar uma *práxis* autêntica, que pode reduzi-la ao exercício de um poder pela transcrição dos seus sentimentos, imputando-os ao paciente. A direção consiste em fazer com que o sujeito aplique a regra ana-lítica, diretriz formulada como instrução em que até as inflexões de seu enunciado veicularão a doutrina. O analista não fica fora do jogo, mas isso não implica jogar os seus sentimentos – imputados à contratransfe-rência – posto que, assim, renuncia a conceber a verdadeira natureza da transferência. Sua posição, diz ainda Lacan, é a mesma que a do morto, no jogo de bridge, para fazer surgir o quarto jogador, que será parceiro do analisante, e cuja mão, através de seus lances, o analista se esforçará

---

[23] C.Levi-Strauss(1955), *Antropologia Estrutural*, Rio de Janeiro, Tempo Brasileiro,1975, p.264.

[24] Lacan, "A direção do tratamento e os princípios de seu poder" (1958), *Escritos,* .Jorge Zahar, Rio de Janeiro, 1998, pp.591-652.

A TRANSFERÊNCIA NA CLÍNICA COM CRIANÇAS   79

por fazê-lo adivinhar. Portanto, os sentimentos do analista só têm um lugar possível nesse jogo: o do morto. Se ele é ressuscitado, o jogo prossegue sem que se saiba quem o conduz. Sua política é a de situar-se em sua falta-a-ser e não em seu ser.

Nesta perspectiva é que, para situar a posição do analista na clínica com crianças, é necessário repetir as questões levantadas por Lacan:

> <<*Quem é o analista? Aquele que interpreta tirando proveito da transferência? Aquele que a analisa como resistência? Ou aquele que impõe sua idéia de realidade?*[25]

A não conceituação da técnica causa-lhe um desgaste ilimitado e obriga a estabelecer *o limite entre a análise e a reeducação (que mantém a postura da sugestão)*. Só dessa perspectiva é possível situar de que lugar se faz a interpretação. Lacan[26] discute os embaraços que a abordagem do sentido da interpretação atesta. Os esforços dos autores não impedem de deixar escapar o momento da ação que produz uma transmutação do sujeito.

A pertinência de uma interpretação não é a convicção que ela acarreta. Seu critério será reconhecido no material que vier a surgir depois dela. Assim, o assentimento do sujeito não a garante, já que a função da denegação é uma forma de confissão.

A resistência à análise é apenas a do analista que faz da relação dual o ideal de sua ação, devido ao receio de ignorância, à predileção por não decepcionar, à necessidade de ficar por cima. A transferência torna-se a segurança do analista, servindo de álibi para as forçagens colocadas sob a bandeira do fortalecimento do Eu.

O princípio do poder do analista está na transferência, na condição de o analista não se servir dele, pois aí este pode assumir todo o seu desenvolvimento na transferência.

> << *Nada em comum entre o modo de proceder da superfície à profundidade e a retificação subjetiva do método de Freud que não é motivada*

---

[25] Idem, p. 598.
[26] Idem, pp.598–608.

por nenhuma prioridade tópica. Esta retificação em Freud é dialética e parte dos dizeres do sujeito para voltar a eles, o que significa que uma interpretação só pode ser exata se for...uma interpretação. Tomar o partido do objetivo aqui é um abuso. A idéia de que a superfície seja o nível do superficial é perigosa. Outra topologia é necessária para não haver engano quanto ao lugar do desejo. Apagar o desejo do mapa, quando ele já está recoberto na paisagem do paciente, não é o melhor seguimento a dar à lição de Freud. Nem o meio de acabar com a profundidade, pois é na superfície que ela é visível como herpes em dia de festa a florescer no rosto>>[27].

As teorias podem ser julgadas a partir do manejo da transferência que elas implicam. Assim, a observação direta de crianças fez incidir a transferência a partir análise dos *mecanismos de defesa,* ordenados em suas emergências formais, propostas pelas teorias geneticistas calcadas na noção de desenvolvimento. Na outra perspectiva, assumida pelos analistas que tomam o eixo da *relação de objeto,* estes concebem que os defeitos da relação de objeto motivam as dificuldades do sujeito, e a maturação dessa relação comanda a fase de objetalidade degradada na grosseira oposição do caráter pré-genital à pretensa harmonia do caráter genital. Neste caso, a virtude da transferência seria a de reconduzir o sujeito à realidade que o analista representaria.

Para Lacan[28], os únicos indicadores passíveis de mostrar onde a interpretação age dependem da admissão da função do significante, que permite situar *onde o sujeito a ele se subordina , a ponto de ser subornado por ele.* Para decifrar a *diacronia* das repetições inconscientes, a interpretação deve introduzir, na *sincronia* dos significantes que nela se compõem, algo que, de repente, possibilite a tradução, precisamente aquilo que a função do Outro permite no receptáculo do código, e é a propósito dele que aparece o elemento faltante.

A interpretação só pode produzir algo novo pelo efeito do significante no advento do significado. Ela se fundamenta no fato de o inconsciente ter a estrutura radical da linguagem, e do material que funciona nela segundo leis das línguas efetivamente faladas. A significação não emana

---

[27] Idem, p.608.
[28] Idem, pp.608-633. Seguiremos os argumentos de Jacques Lacan nos próximos parágrafos.

A TRANSFERÊNCIA NA CLÍNICA COM CRIANÇAS   81

da vida. É preciso situar a significação na combinação da vida com o signo "zero", na medida em que esse número simboliza a função essencial da posição na estrutura significante, no que ele conota a presença ou a ausência. Ele institui a presença com base na ausência, assim como constitui a ausência na presença. É no que Freud se detém ao buscar o modelo do automatismo da repetição: o cruzamento de um jogo de ocultação e de uma escansão alternada de dois fonemas conjugados por uma criança. Mostra-se aí tanto o valor do objeto como insignificante, que a criança faz aparecer e desaparecer, quanto o caráter acessório da perfeição fonética em relação à distinção fonemática, que Freud traduz no *Fort!Da!* do alemão falado por ele.

O que o analista escuta é um discurso, mesmo que este se reduza a uma interjeição, que é da ordem da linguagem e que não cede aos efeitos de sintaxe. Ela é frustrada por não obter uma resposta, porque não são palavras o que ela pede. Sua demanda é intransitiva, não implica nenhum objeto, nem sequer é dela, já que a oferta do analista de que ela fale é que cria sua demanda. Mas trata-se de uma demanda radical, uma vez que o sujeito só pôde viver por causa da demanda.

O sujeito pode esperar que lhe seja dado o que não se tem, o Dom do amor, e o analista não lhe dá nem mesmo esse nada, o paciente, então, paga por esse nada, porque, de outro modo, a análise não valeria grande coisa. O analista só dá sua presença, que é implicação de uma escuta, condição da fala. Sua presença mais aguda está ligada ao momento em que o sujeito só pode se calar, em que recua até mesmo ante a sombra da demanda. O analista é aquele que sustenta a demanda, para que reapareçam os significantes em que o paciente está retido.

A identificação primária se produz na demanda mais antiga que se efetua, quando a satisfação das necessidades se torna dependente do aparelho significante, fragmentando as necessidades, filtrando-as e moldando-as nos desfilamentos da estrutura do significante. Portanto, a identificação ao analista pode ser muito variada, mas será sempre uma identificação com significantes.

> <<O desejo é aquilo que se manifesta no intervalo cavado pela demanda aquém dela mesma, na medida em que o sujeito, articulando a cadeia significante, traz à luz a falta-a-ser com o apelo de receber seu complemento do Outro, se o Outro, lugar da fala, é também o lugar dessa falta.

O que é assim dado ao Outro preencher, e que é propriamente o que ele não tem, pois também nele é falta, é aquilo a que se chama amor, mas são também o ódio e a ignorância. É também isso, paixões do ser, o que toda demanda evoca para-além da necessidade que nela se articula, e é disso mesmo que o sujeito fica tão mais propriamente privado, quanto mais a necessidade articulada na demanda é satisfeita[...] o ser da linguagem é o não ser dos objetos[...]>>[29]

Portanto, fundando a noção do Outro como lugar da manifestação da fala, o desejo - *obra de um animal presa da linguagem* - do homem é o desejo do Outro. A estrutura constitutiva do desejo do sujeito só pode ser encontrada por ele na mesma hiância aberta pelo efeito dos significantes naqueles que para ele representam o Outro, pois sua demanda está assujeitada a eles: se os significantes da demanda sustentaram o lugar em que o desejo se fixou, só no lugar deles é que o sujeito é sujeitador.

3.1. Qual o *lugar* da interpretação na clínica com crianças?

Para Alejandro Daumas[30], a construção que se faz no ato analítico é a de transformar o insuportável no impossível: *construir um lugar no qual o que é insuportável do real se transforma em impossibilidade de dizer.*

Há dificuldades para a articulação do discurso analítico na psicanálise com crianças, e a pergunta pelo lugar da palavra do analista é fundamental, porquanto ela funda a estrutura do discurso. Assim, a interpretação é uma palavra, na boca do analista, que subverte a estrutura da palavra, porque não faz uma demanda, mas visa a cernir a causa do desejo, apontando, portanto, para o real. Mesmo o silêncio do analista é um dizer do qual se exige que não presentifique as marcas das identificações do analista, e que suspenda o eu do enunciado e o sujeito da enunciação. Seu estatuto só funciona com a instalação do Sujeito suposto Saber e jamais é o enunciado de um saber.

---

[29] idem, pp.633-634.

[30] Alejandro Daumas, "El lugar de la interpretation" *Ressonancias de la interpretacion, Modalidades clínicas,* Psicoanalisis con niños, Centro Pequeño Hans, Atuel, Buenos Aires, 1996, pp.7-12. Seguiremos o autor nesse item.

A TRANSFERÊNCIA NA CLÍNICA COM CRIANÇAS 83

Considerando que a função mais sutil das conexões metonímicas é burlar a censura, as conexões metonímicas na interpretação analítica fazem aparecer a falha, o defeito significante que a mensagem mesma do inconsciente porta: a falha suporta o desejo.

Portanto, o analista dirige a operação do metabolismo do gozo, relacionando aí o *plus* que a metonímia introduz, enquanto *valor de gozo* que se transfere ao discurso. A estrutura da interpretação é a de produzir metabolismo de gozo, permitindo tratá-lo na margem de suas modalidades, o que não implica o abandono da interpretação metafórica, mas a prevalência da metonímia:

<<*a interpretação que cabe a uma criança no dispositivo analítico de ser metonímica coloca diretamente a falha constitutiva do sujeito equivocando a, aludindo a, deixando de lado as interpretações metafóricas que operam como mera tradução, em que as identificações do analista se revelam>>.*

A interpretação, sem sentido, permite incidir no real do gozo, dar-lhe gozo sentido, fazer cifras com os nós que demarcam o furo imediatamente preenchido com a gramática:

<< *É desta forma que podemos dizer que, nas falhas da homofonia, da lógica e da gramática, a interpretação se legaliza, toma seu estatuto, e é nestes pontos limites que está o lugar onde se aponta o objeto causa como resto, mostrando que era sua causa>>.*

O lugar da interpretação, nas voltas do dito, destaca três modalidades:
- *meio-dizer* de uma verdade que toca e revela a verdade do gozo;
- *enigma ou citação* que opera enquanto corte ao dito, pois aponta para a escritura de <<*S(A)*>>, deixando vazio o lugar do objeto causa e colocando distância entre o <<*I(A)*>> que chama à identificação o <<*a*>> separador, indicando a divisão do sujeito;
- *sem sentido*, que incide no real do gozo, significante que, jogando com as falhas e limites da estrutura, opera como corte que posiciona a forma gramatical que sustentava o objeto.

84 CRIANÇAS NA PSICANÁLISE

O lugar da interpretação é o lugar da trama do sujeito, para desatar aí o gozo, situando o lugar que a letra suporta, entre o sintoma e o fantasma na transferência. Cabe ao analista interpretar, intervir de modo que o analisante não encontre, no analista, restrição à possibilidade de ser responsável por seu trabalho. Assim, ao implicar a criança na transferência, é preciso que o analista não tenha um ideal para onde dirigi-la, mas a possibilidade de que ela se separe dos significantes que funcionam como insígnias solidificadas e que suporte que o Outro responda ao que ela é. Entre o gozo e saber, o cálculo da interpretação interroga a ação analítica sobre o laço complexo da transferência e o fantasma, de tal forma que a criança localize o gozo numa construção fantasmática.

3.2. Quais as ressonâncias da interpretação?

A partir do que Lacan diz no Seminário do *Sinthome* - <<*a interpretação só opera pelo equívoco. Para isso, é necessário que haja algo no significante que ressoe*>> - pode-se discutir que a interpretação faz o Real incidir no Simbólico mediante a palavra e o som que a veicula. Afinal, a ressonância é uma resposta vibratória que pode produzir, no corpo que a recebe, uma ruptura. Portanto, a interpretação deve ressoar na estrutura, movendo as respostas que o sujeito produz quanto ao gozo e ao significante. É o que Liliana Cazenave[31] nos diz, recorrendo aos vários momentos em que Lacan trata da ressonância. A partir daí, ela distingue a ressonância da interpretação no Simbólico e no Real, antes de chegar à questão da interpretação da criança.

Quanto à *ressonância no simbólico*: a oposição entre o sentido e a significação situa a significação como o que se articula imaginariamente na cadeia, enquanto o sentido está entre o simbólico e o imaginário, pois o que se quer dizer é sempre outra coisa. A fala, por fazer escutar o que não se diz, permite que a verdade oculta seja ouvida. Ressoando no simbólico, a interpretação convoca o equívoco, o sem sentido, o novo e o outro sentido, fazendo falhar a cristalização imaginária da semântica do

---

[31] Liliana Cazenave, Resonancias de la interpretación, *Ressonancias de la interpretacion, Modalidades clínicas*, Psicoanalisis con niños, Centro Pequeño Hans, Atuel, Buenos Aires, 1996, pp.7-12. Seguiremos a autora nesse item.

Outro que determina o sentido. As duas dimensões da interpretação são condensadas no termo de Francis Ponge: *"réson"* - *ressoar e razão* - que, na homofonia assim produzida, articula o cálculo da interpretação, que produz uma nova combinatória na bateria significante. Assim, a interpretação metafórica introduz um significante a mais, que ressoa no significante latente do sintoma e, produzindo um novo efeito de significação, produz o efeito sujeito, tanto como falta a ser (em que o silêncio fala) quanto como efeito de significação. A interpretação metonímica aponta ao que, no intervalo entre os significantes, mostra o que, do desejo, não pode se confessar em sua incompatibilidade à fala.

Quanto *à ressonância no Real:* o sentido já não é mais determinado pela semântica do Outro, mas pela semântica do gozo. Aí, trata-se, na interpretação, de isolar o S1, real separado da cadeia significante. O sentido é determinado pelo Real de S1 que, ao ser puro sem sentido é castração do sentido. Na interpretação, não se infinitiza mais o equívoco a todos os sentidos, mas, para liberar o sujeito dos mesmos , ela os reduz.

O saber é um meio de gozo, o que dá duas caras à verdade: uma, articulada ao significante; outra, ao gozo. O sentido do sintoma é real, é oposto ao que a intersecção simbólico-imaginário produz como sentido, que engorda o gozo do sintoma. Desta perspectiva, a interpretação trabalha com *lalangue,* que está fora dos efeitos de sentido da cadeia significante, permitindo todos os equívocos. O inconsciente, articulação de *lalangue,* é uma eleição de sentido que limita o equívoco infinito. O gozo o elege e o efeito é o sujeito responsável por esta eleição. *Lalangue* joga contra o efeito de sentido do inconsciente, porque está feita do mesmo gozo, o do sem sentido. A razão-ressonância da interpretação só tem a ver com o Real, pois o que calcula é o *objeto a* da voz ressoante, e o fora do sentido da letra tampona a ausência do sentido.

Dependendo do tom em que seja dita, a verdade desperta ou adormece, acentuando a ressonância da voz materna, que a interpretação deverá recortar. Para que a interpretação faça ressoar *lalangue,* deve encarnar a voz — não a materna — mas a voz que sustenta o equívoco para fazer cair sentidos fixados. A interpretação que opera com *Lalangue* separa o som do sentido. Só na medida em que a metáfora e a metonímia são capazes de fazer essa função de destacamento é que elas operam na interpretação. O analista não é poeta, mas faz apelo à lógica, por isso, para ele, o equívoco importa, uma vez que permite a ressonância que se funda no chiste: sub-tração de gozo pela dissolução da fixidez do sentido.

Enfim, conclui Cazenave, a condição estrutural da interpretação, na clínica com a criança, é que ela tenha operado a passagem de *lalangue* à palavra, o que implica que tenha havido renuncia ao gozo: passagem do gozo de *lalangue* ao gozo do sentido, cujo efeito é o sujeito responsá-vel por essa escolha. E a criança pode ser ingênua ou fingir sê-lo, como disse Lacan, para gozar de uma liberdade que, de outro modo não lhe seria concedida, segundo Freud.

3.3. A interpretação visa o encontro com a inconsistência do Outro?

A articulação entre a dissociação da cadeia significante inconscien-te e a abolição de sentido do ato interpretativo permite situar o disparate *(nonsense)* como um tema sério. É o que propõe Alejandra Eidelberg[32], num percurso de cinco pontuações, a partir de afirmações de Lacan: a verdade perambula pelo *nonsense* do jogo de palavras mais grosseiro, e pela sedutora avenida sem saída do absurdo (lado irremediavelmente ex-travagante do inconsciente, devido às suas raízes lingüísticas); a interpre-tação deve apontar ao jogo de palavras, que é a abolição do sentido, para assim deixar de alimentar o sintoma, operando com *lalangue* (palavra escolhida por Lacan por ser a mais próxima possível de lalação, detritos com que a criança jogará para fazer a coalescência entre realidade sexual e linguagem – atividade não reflexiva que Freud chamou de *prazer de disparatar,* e que permitiu a Lacan situar o inconsciente como *gozo de um saber*).

1ª. Pontuação: Para Freud, o prazer do disparate existe desde que a criança começa a manejar o tesouro de sua língua materna, experimen-tando, como um jogo, o prazer do ritmo e da rima que, para Lacan, tem seus motivos para se chamar *materna* e não serve para a comunicação. Freud diz que a crítica e a educação tornam tal prazer impossível e que

---

[32] Alejandra Eidelberg, Interpretación psicoanalítica y disparate infantil, *Ressonancias de la interpretación, Modalidades clínicas,* Psicoanalisis con niños, Centro Pequeño Hans, Atuel, Buenos Aires, 1996, pp.13-19.Seguiremos a autora nesse item.

A TRANSFERÊNCIA NA CLÍNICA COM CRIANÇAS

seu recalque dá lugar às uniões de palavras que formam sentido. Por isso, em Lacan, a linguagem é uma elocubração de saber sobre *lalangue*, sobre essas primeiras impressões de significantes não encadeados. Assim, se a interpretação trabalha com *lalangue*, então operaria contra o sistema de significação que é o inconsciente estruturado como uma linguagem, como uma cadeia significante S1→S2.

2ª. Pontuação: O prazer de disparatar reaparece quando a criança e o jovem criam palavras ou idiomas especiais com seus colegas, além do humor dos adultos sob efeitos tóxicos, diz Freud. Essa qualidade do discurso psicanalítico como revés do discurso do mestre é o discurso do inconsciente.

3ª. Pontuação: O chiste é distinto do disparate, diz Freud. O chiste pode incluí-lo, porém, produz ainda o desconcerto que precede a revelação do sentido sexual oculto. O disparate se confunde com o chiste, uma vez que causa desconcerto, mas o ouvinte não descobre o sentido oculto, porque é um simples desatino. Pode-se então tomar o disparate como um *instante de ver*, e o *tempo de compreender* irá fracassar, pois o disparate é S1 a que nenhum S2 daria significado. Traço estrutural do disparate freudiano, este é o modo pelo qual Lacan propõe a interpretação: operar com *lalangue*, presentificando a opacidade do gozo fora do sentido, com o S1 sozinho. A interpretação aponta para o desconcerto, não se coloca na dialética do sentido/sem-sentido, das operações metafóricas e metonímicas, não tem parentesco com o chiste. Essa dimensão se coloca fora de todo o sentido possível, operando com as marcas de gozo de *lalangue* e tem parentesco ao disparate.

4ª. Pontuação: A fraude *(escroquerie)* sustentada por um Sujeito suposto Saber do tempo de compreender se desvela, no fim de uma análise, quando o analisante esgota sua crença de que o sentido viria do Outro. O sentido sexual que o discurso psicanalítico faz surgir não é mais que semblante e indica o ponto em que vai encalhar.

5ª. Pontuação: O mal estar do engano do disparate se resolve quando o ouvinte torna-se narrador, para que outros caiam no mesmo engodo. Consentimento ao disparate e à metamorfose de posição. Passa-se o mesmo no fim da análise, mas só depois poderá vir a demanda de passe, ou seja, passar pela experiência de transmitir, talvez na forma do chiste, o próprio encontro com o disparate ocorrido no fim da análise.

Assim, o disparate toma a estrutura do S1. O gozo não está a serviço do analista mas encarna o que terá sido, para o analisante, uma primeira marca de gozo, homóloga, em sua insensatez, ao *objeto a* do fantasma fundamental. Assim, o disparate, em sua inquietante estranheza, não se reduz a uma simples necessidade. Sua extravagância tem uma lógica: a que aponta o encontro com a inconsistência do Outro.

3.4. A interpretação é o lugar do Outro onde se decide o valor de um dito, onde se verifica o ato analítico?

Segundo Anibal Leserre[33], a índole técnica encobriu ou deslocou diferentes concepções sobre a transferência, a partir da questão de como interpretar uma criança. A pergunta deve ser formulada em outros termos: *de que concepção se tenta operar, via interpretação, no sujeito que a criança presentifica?* Como é fundamental diferenciar entre as variantes do desenvolvimento e a invariante da estrutura, a questão da concepção do clínico é um ponto de partida. A interpretação na análise implica a retificação da posição do sujeito ao Outro, sujeito definido a partir das primeiras identificações, a partir de sua entrada no campo do Outro.

Mas, se nem tudo é simbólico na experiência analítica, é preciso colocar duas vertentes da estrutura: a da preexistência do Outro enquanto linguagem (a divisão do sujeito) e enquanto real (em que o sujeito é descontinuidade ao real, implicando a ligação do sujeito do inconsciente a um objeto estranho ao significante, ligação que não é natural). Assim, o paradoxo do fantasma constitui o limite do ser falante: limite do simbólico. Ao mesmo tempo, é por seu fantasma que o sujeito crê poder escapar à supremacia do significante.

Considerando não haver outro sujeito senão aquele do recalque originário, no momento lógico da constituição que o correlaciona a castração signficante, a constituição do fantasma se dá nessa inscrição do organismo na linguagem, com a perda concomitante que ela implica. Neste sentido, pode-se falar de *construção do fantasma na análise com*

---

[33] Anibal Leserre, La ubicación de la interpretación en la práctica analítica con niños, *Ressonancias de la interpretación, Modalidades clínicas*, Psicoanalisis con niños, Centro Pequeño Hans, Atuel, Buenos Aires, 1996, pp.27-34. Seguiremos o autor nesse item.

A TRANSFERÊNCIA NA CLÍNICA COM CRIANÇAS

crianças, correlacionando essa construção aos tempos da sexualidade, enquanto saber do inconsciente que organiza a repetição: saber que sucumbiu ao recalque originário na desaparição de S1, e que faz, do sujeito, uma hiância na cadeia significante, perda pela qual toma corpo um *plus* de gozo. A repetição é um saber do gozo do fantasma, saber que se subtrai ao conhecimento, implicando a *persona* (máscara do fantasma), em que o lugar no qual se sofre é onde mais se goza. Sob a forma da repetição, pode-se isolar o traço unário, o Um da identificação. O sujeito se identifica ao traço do Outro, marca do significante que implica o gozo do Outro, traço tomado do Outro que é marca do gozo no sujeito e que o separa do Outro.

Assim, a interpretação, por via da palavra e do ato, coloca-se em relação ao desejo e ao gozo. A dissimetria entre analista e analisante é insuficiente, a partir da colocação da interpretação do lado do analista e da associação livre do lado do paciente. <<*É necessário retomar uma das considerações de Lacan a respeito do Outro: Lugar onde se decide o valor de um dito em seu valor de verdade e de significação, o Outro é terceiro em todo diálogo, estando entre $ e analista*>>. Limite de um campo que não é demarcável por classificações nem pelas recomendações técnicas. A interpretação está do lado do Outro e do inconsciente, enquanto o ato está do lado do analista, que institui o marco, autoriza seu desenvolvimento e sustenta a possibilidade do seu fim. A interpretação na clínica com crianças é a verificação do ato do analista, enquanto validade e não forma, pelo efeito da posição do sujeito em relação a seu fantasma e a suas condições de gozo.

3. 5. – A interpretação visa a subtração do gozo?

Considerando, com Lacan, que o sujeito é a resposta do real ao encontro do significante, e que essa resposta pode ser feita de consentimento ou de recusa, Marie-Jean Sauret[34] diz que a análise da criança incidirá, como para o adulto, sobre a forma como foram transmitidos à

---

[34] Marie-Jean Sauret, O infantil e a estrutura, Conferências em São Paulo, Escola Brasileira de Psicanálise, São Paulo, agosto de 1997, pp. 30-83. Seguiremos o autor nesse item.

criança, o saber, o gozo e o objeto, desfazendo os nós dos significantes e do gozo no sintoma. A criança deve encontrar a incompatibilidade entre significante e gozo, em geral negociada, nas relações com o Outro, na forma do ser abandonada ou ser devorada. No caso da criança-objeto, consiste em fazer a subtração de gozo pela qual se engendra o sujeito. Calcular seu ato pelo gozo, supõe o desejo do analista, pondo em funcionamento um lugar de acolhimento à criança, sem gozar às custas dela, mesmo que ela se ofereça a isso.

Freqüentemente, a análise com uma criança é semelhante a uma contra-análise <<*alugar um desejo, significantes, e, até mesmo, um imaginário sobre o qual a criança se apoiará, para verificar que pode sair de suas determinações de linguagem no ato – de fala, em primeiro lugar>>.* O que é visado é a restauração, ou a instauração, da capacidade do ato, substituindo a "inocência" pela responsabilidade do ato, para instalar-se no laço social, no qual todo sujeito é o responsável pelo que ele faz de seus determinantes.

Pelo fato de a criança se apresentar do lado do gozo que falta ao sujeito, ela solicita e convoca o fantasma do clínico, tornando a prática da psicanálise com crianças muito mais difícil do que com adultos. Para curar-se de sua tentação pedagógica, o analista precisa, antes, localizar o que ele próprio é como objeção a todo saber, em sua perversão como sujeito. O analista não chegará às últimas conseqüências de uma análise com uma criança, mas é da sua responsabilidade não tornar definitivamente impossível que o sujeito possa chegar a encontrar o que ele é como objeção ao saber.

No tratamento, o clínico <<*descobre o sofrimento de um sujeito às voltas com um desejo, que leva este último a oferecer-se àquilo de que ele sofre e que, se não constitui, pelo menos "inflama" seu sintoma. O sintoma é, portanto, também o de um conflito próprio do sujeito>>.* Para responder à questão de como a interpretação opera, Sauret diz que ela deve visar o real do ser de gozo, a fim de modificar a solução fantasmática e permitir outro enodamento. O fantasma deve ser tocado ou mesmo "atravessado". O ser do gozo é um buraco no simbólico, e o simbólico só existe por excluí-lo, constituindo o recalque.

O significante produz um duplo efeito: o *efeito de buraco*, dividindo o sujeito do gozo, escamoteando o objeto de gozo que nomeia, e

A TRANSFERÊNCIA NA CLÍNICA COM CRIANÇAS 91

orquestrando o desaparecimento do ser de gozo, por fazer o sujeito se representar de um significante para outro, na demanda de restituição de um mais gozar. O *efeito de sentido* fica no lugar do gozo e o sujeito goza com esse gozo de sentido que é o maior obstáculo à análise, uma vez que o significante é sempre reversível em outro sentido.

Segundo a forma como a língua trata o sentido, Lacan distinguiu três estados que permitirão situar a interpretação: a *palavra plena*, que se vale do equívoco e do duplo sentido; a *palavra vazia,* que livrou-se do sentido em proveito da comunicação (a ciência), cujo inconveniente é eliminar a posição do sujeito em proveito de captar o real; o *sentido branco (sens blanc)* que, assim como a palavra plena, veicula algo do sujeito, ao mesmo tempo que, como a palavra vazia, permite cercar algo do real. O problema que a interpretação psicanalítica deve resolver é constatar o duplo sentido do significante, para só desembaraçar-se de *um único sentido.* Trata-se de reduzir um só dos dois sentidos do significante a uma significação que torne impossível, ao sentido que resta, ser vertido em um outro sentido. *Sentido branco* é esse sentido irreversível, daí por diante disponível para outra coisa que não seja para articular-se a um outro significante e reverter-se em um outro sentido. Produzir um efeito de *nonsens* que nos confronta imediatamente com as fronteiras do simbólico, não estando atulhado de sentido nem de comunicação, fica disponível para cifrar o real na fronteira do simbólico.

O jogo de palavras apresenta o limite de mobilizar o cômico, que nos garante que o Outro não está em perigo. A interpretação necessita de mais um passo: que ela incida sobre o ponto em que não há Outro que responda, para que o sujeito possa localizar aquilo que, de seu ser, faz objeção ao saber: fim da demanda de restituição do gozo perdido ao falar, porque o objeto da demanda não existe. Para isso, ordenar e organizar os ditos do analisante em um conjunto é insuficiente. É preciso, à interpretação, encontrar apoio fora dos ditos. Trata-se de produzir uma enunciação cujo sujeito não é localizável no conjunto dos ditos. A interpretação deve ser um dizer distinto dos ditos e tem como efeito produzir uma equivalência entre A e não A: a inconsistência do Outro, que faz com que sejam eqüivalentes o real do sujeito e seu ser como fato de dito, assim produzido. Falta o significante que diria o que é o Outro sem resto, mas significante ao qual se poderá suplementar justamente com o significante de uma falta no Outro. Fazendo do real do sujeito um elemento do Outro, o Outro torna-se inconsistente.

4 – A direção do tratamento

Só podemos nos referir aos fins da análise com crianças no plural, nos diz Bernard Nominé[35], porque, como a criança não teve o encontro com o outro sexo nem comprovou que não há relação sexual, essa questão nem se coloca como tal. A relação sexual é fronteira que distingue a experiência sexual infantil da experiência do adulto e o período de latência tem aí grande importância. O uso do plural se deve ao fato de cada caso poder constestar o que são *os fins* da análise, além de o vocábulo poder se referir à saída e ao objetivo. A questão é: *para o que apontamos? Qual é a direção da cura?*

Apesar de concernir tanto as crianças quanto os adultos, a direção do tratamento difere. A análise com crianças exige um analista de pleno direito, mas que tem que se regrar pela especificidade das particularidades do encontro com a criança. A direção da cura começa na questão que a demanda coloca. Qualquer demanda é de Outro, mas a contingência de a criança vir acompanhada coloca problemas. A quem atender? Responder a essa questão implica uma decisão que vai distinguir a criança-sintoma do sintoma da criança. A condição da análise é que o analista saiba em que lugar a criança o coloca; e a dificuldade é que ele aí está remetido à posição estrutural da infância, em que a criança é o objeto que divide o Outro, em que sua posição é a da disposição perversa polimorfa.

Os pequenos objetos estabelecem o laço com a criança, mas seu uso não pode ser previamente preparado e deve ser totalmente subvertido para ter efeito de interpretação: o objeto tem que subverter o sujeito na interpretação. O analista não deve situar-se na posição de par, no jogo que a criança traz como seu menu, e ele se privará de seu ato, caso não venha a subverter seu uso.

---

[35] Bernard Nominé, *Direção da cura na clínica com crianças*, Conferência em São Paulo, promovida pelo Forum de Psicanálise em junho de 1999. Seguiremos as posições do autor, nesse item.

A TRANSFERÊNCIA NA CLÍNICA COM CRIANÇAS

Cabe considerar a posição estrutural da infância; momento em que a sexualidade perversa polimorfa desconhece a finalidade da reprodução. Na latência, essa sexualidade pára, e temos depois a sexualidade adulta, que supõe o encontro com o outro sexo e o saber sobre a procriação. Há violação da infância quando o encontro com o sedutor antecipa o encontro com a sexualidade, conjuga o gozo ao saber e, franqueando a zona da latência, coloca-a em curto-circuito. Afinal, a criança é um brinquedo erótico para seus pais e, se ela goza, é sem saber. A latência é uma exigência estrutural de separar o gozo e o saber.

Assim, o objetivo da análise é o de permitir à criança separar-se do sintoma familiar para construir seu próprio *sinthome,* que é parte indestrutível do gozo e é o laço social. O *sinthome* serve ao sujeito para sair de seu gozo autista e enlaçar a realidade psíquica do sujeito barrado, tendo, portanto, a mesma função do pai. Ele se constitui quando o sujeito se desloca de sua posição infantil. Construir seu *sinthome* é construir copulações significantes dentro de sua família. Portanto, a análise é a possibilidade de deixar a criança fazer sua neurose tranqüila, saindo da posição infantil de falo materno. O analista deve cuidar para que a criança possa entrar na latência, que é o tempo de compreender a castração, respondendo à existência da falta de saber do grande Outro, para que, na adolescência, ela possa olhar por traz da latência e estabelecer um saber sobre o gozo, construindo uma nova versão de *objeto a.*

5 – Direção do tratamento na clínica do autismo e das psicoses: a estruturação do sujeito

É Alfredo Jerusalinsky que nos permite situar as condições de estruturação diferenciadas que o autismo e a psicose de crianças impõem[36]. Essas graves patologias infantis mostram que o corpo pode denunciar o impedimento da função primordial do significante – a equivocidade e suas conseqüências na subjetivação, em que uma enunciação não se destaca.

Nos casos de autismo, temos uma criança engajada à motricidade, para evitar ou sustentar a captura especular, em que se submete ao aprisi-

---

[36] A. Jerusalinsky, "Autismo: a infancia no real", *Escritos de la infância*, Buenos Aires, Edições FEPI, 1993, pp.93-99.

94 CRIANÇAS NA PSICANÁLISE

onamento que o exclui ou que o cola ao olhar do outro, está impedida de poder recuperá-lo ou de poder perdê-lo: é o que situa o autista fora do campo da linguagem e da função da fala. Nos termos de Jerusalinsky[37], qualquer significante tem para o autista um efeito de exclusão, o que se manifesta na posição de recusa ao olhar do outro, estendida muitas vezes a qualquer manifestação da alteridade que ultrapasse uma ordenação de hábitos. Tal exclusão é ativa, uma vez que ele não ignora o outro. Uma atenção oblíqua impede que seja surpreendido, na vigilância indireta destinada a preservar certo alheamento e a configurar a reciprocidade imaginária da ausência. O objeto tem posição siderativa, na função de defesa contra a demanda de exclusão do Outro, cujo paradoxo é o de realizá-la. Apegado ao ponto em que se manifesta uma diferença, o autista não pode extrair suas conseqüências. Fort-da sem fort nem da, o autista só é situável no traço de união em que gira na barra que os separa, apontando o fracasso do simbólico, na tentativa de situar um ponto de referência tornado imediatamente automatismo. Temos, portanto, o autista referido ao primeiro movimento da trança, em que a incidência do real sobre a matriz simbolizante da alternância não permite os efeitos da imaginarização do real.

As psicoses precoces da infância, não configuram a exclusão verificável no autista[38]. Uma inscrição se produz, mas não tem instância na função significante. A criança recebe a demanda do Outro numa posição em que a inscrição do traço unário não pôde ser simbolizada e só se mantém ao reproduzir-se no real, pela via de uma veste imaginária qualquer, na impossibilidade do efeito simbólico sobre a série significante. Assim, cada palavra carrega seu sentido definitivo, retida que está ao corpo materno que a contempla, tomando a criança como representante real do falo simbólico daquela e, assim, sustentando a impossibilidade de o *Nome-do-pai* operar simbolicamente. É o que faz do seu discurso uma mera repetição de morfemas, sem que eles produzam significação, e em que a tentativa de tomar ou compreender a posição da alteridade a mantém, entretanto, hipotecada à decisão do Outro, *catapultada* à alterização

---

[37] A. Jerusalinsky, idem.

[38] A. Jerusalinsky, "Psicose e autismo na infância: uma questão de linguagem", *Psicose*, Boletim da Associação Psicanalítica de Porto Alegre, Ano IV, n.9, novembro de 1993, pp.62-73.).

A TRANSFERÊNCIA NA CLÍNICA COM CRIANÇAS 95

absoluta. Se ela fala, referida a uma inscrição, ela o faz guiada nessa colagem ao Outro, reprodução incessante de um sentido inequívoco, na tentativa de deslocamento em que reencontra o Outro no real, que lhe sustenta esse mesmo sentido, já que não há como registrar outro. Assim, uma estrutura fantasmática mínima se verifica, mesmo que se trate de psicose, denotando uma posição na linguagem em que modaliza a impossibilidade de relação ao *objeto a*. Assim, a diversidade com que as psicoses não decididas na infância podem situar-se estruturalmente entre o segundo movimento e o quarto movimento da trança, mantendo sempre o caráter da biunivocidade dos laços que faz, alheia à condição da metáfora.

Mas, resta a questão: *Qual é a direção do tratamento com crianças autistas e psicóticas?*

O que faz diferir a análise de uma criança da análise do adulto é o que se analisa numa análise. Lacan nos ensina que o sujeito é a resposta do real ao significante, ou seja, o sujeito é decorrência (efeito e/ou produto)[39] da incidência do simbólico sobre o ser orgânico, acéfalo, puro real. O sujeito é a resposta do organismo a essa forçagem, a essa intromissão do campo da linguagem num organismo vivo, quer dizer, ser que goza a vida, ser cujo único campo é o do gozo, substância gozante indiscernível, puro real, portanto.

É por isso que numa análise, tanto de uma criança quanto de um adulto, trata-se de analisar as relações do sujeito ao real. Mas, para que possamos abordar *relações*, temos que discernir *posições,* ou seja, temos que poder distinguir lugares e, portanto, *temos que contar com um campo simbólico já instaurado.* É por este motivo é que somos obrigados a nos perguntar, percorrendo, de novo, a trilha já traçada por Colette Soler[40], se o analista pode afrontar qualquer relação ao real e, mais precisamente, se o desejo do analista pode operar sobre qualquer estado do ser.

E desejo do analista? Desejo de analista é desejo sem fantasma e sem sujeito, é o nome de uma função necessária à estrutura do discurso, elemento que vem em oposição articulada à demanda do sujeito, numa

---

[39] Efeito simbólico $\cancel{S}$, produto real, resto **a, e/ou** disjuntivo/conjuntivo da tensão imaginária, que a fórmula do fantasma nos permite: $\cancel{S} \lozenge$ **a**.

[40] Colette Soler: L'enfant et Le Désir de L'analyste, 17ª. Journée du Céreda: *L'enfant et Le Désir de L'analyste*, Séries de la Découverte Freudienne, P. U. du Mirail, Toulouse, 1994.

condição heterogênea, requerida para fazer valer o desejo do analisante, que insiste nos desdobramentos da sua demanda. Nesse sentido, o desejo suposto aos dizeres da interpretação analítica só pode operar quando há um sujeito do desejo, ou seja, quando se diferencia um lugar vazio determinado pela subtração de gozo. Cabe aqui esclarecer que essa subtração de gozo é conseqüência lógica da inseminação do campo simbólico num organismo. Afinal, o ser que antes gozava plenamente da condição de ser vivo, puro *continuum,* é lido com a linguagem, que tanto demarca suas manifestações quanto as substitui, tomando-as como significantes de um apelo. Assim, ele é aparelhado a se fazer valer para um outro através dos significantes que, aludindo à condição de um gozo perdido, ou mesmo lhe fazendo suplência, jamais equivalerão a ele, jamais permitirão a reprodução desse estado de ser gozante.

Enquanto puro ser vivo, a criança não é, inicialmente, um sujeito - é objeto do Outro. Toda criança que nasce é, para sua mãe, uma aparição no real do <<objeto de sua existência>>. O sujeito não é dado, é efetuado. Portanto, não se pode falar de psicanálise de criança sem questionar, para cada criança, o estado de efetuação da estrutura que ela apresenta.

Quando estamos diante de uma a criança que é sujeito da significância, o analista pode se alojar no cavo do desejo e exercer propriamente a função analítica. Mas este não é o caso da criança autista ou psicótica, caso em que temos uma criança para a qual o sujeito não se destacou do real, e mantém-se na posição de criança-objeto, criança-gozo. Nesse caso da criança autista ou psicótica, o analista só pode se alojar no lugar do *Outro primordial.*

Implica-se aí a questão de saber como o analista pode operar para que os efeitos que ele obtém se mantenham no eixo da ética psicanalítica, ou seja, não podemos deixar de nos perguntar pelo desejo que o analista faz operar, já que o pivô da transferência é desejo do analista.

Na condição de Outro primordial, o analista substitui a operação do significante, para produzir o que não teve lugar: corte, separação, negativização, furo. Operação de subtração a partir da qual se engendra um sujeito, ali onde faltava um efeito—sujeito, que tem o alcance de uma defesa contra o real.

Trata-se, portanto, no caso do autismo ou das psicoses, de uma psicanálise invertida, pois é uma operação que vai do real ao simbólico e

A TRANSFERÊNCIA NA CLÍNICA COM CRIANÇAS   97

que cria um efeito de negativização, enquanto, diante de um sujeito constituído, a operação analítica é inversa, visa a uma travessia do simbólico e do imaginário em direção ao real da pulsão, para um levantamento, ao menos parcial, das defesas.

6 – A transferência na clínica do autismo:

O que está em jogo na análise de uma criança não estruturada é constituir uma defesa contra o real – constituir um sujeito, a partir do alojamento do analista na posição de Outro Primordial, que opera sobre o *continuum* de gozo em que a criança está encravada no discurso do Outro.

Assim, a direção do tratamento de uma criança autista comporta o paradoxo que diz do limite da psicanálise. A história da psicanálise com crianças o atesta, na dificuldade de explicitar o lugar do desejo do analista de crianças, nas múltiplas vertentes que transformaram o método em técnica adaptada, na qual o desejo do analista é encoberto por fantasmas, seja de mãe plena, de ideal educativo, ou de fascínio pela maternidade.

Mas, talvez possamos dar um passo a mais ao considerar que é a relação ao real que se mantém em jogo no desejo do analista, mesmo ao tratar um autista. Isso implica atravessar, distinguindo, separando e substituindo o *continuum* do fluxo da criança por meio do exercício da operação significante, intervindo sobre o organismo, para ali criar uma borda ao real capaz de contorná-lo. Como nos lembra Alejandro Daumas[41], cabe ao analista construir um lugar no qual o que é insuportável do real se transforme em impossibilidade de dizer, ou seja, restrinja o real do ser ao que há de efetivamente indizível, através do que a condição simbólica permite suportar e demarcar.

Mas, para produzir essa subtração de gozo, como a função do Outro primordial, exercida pelo analista, poderia operar sem sujeito, sem presentificar as marcas das identificações e os sinais de uma posição subjetiva do analista? Afinal, como operar a relação entre criança - real e analista – simbólico, sem aí fazer incidir o imaginário?

---

[41] Alejandro Daumas: El lugar de la interpretación, *Ressonancias de la interpretación, Modalidades Clínicas*, Psicoanalisis com niños, Centro Pequeno Hans, Atuel, Buenos Aires, 1996,pp.7-12.

Qualquer funcionamento discursivo enoda o real, o simbólico e o imaginário. Se não há, especialmente na criança autista, nem funcionamento simbólico nem consistência imaginária, onde fazer o nó que articula essas dimensões?

Como vimos na trança do nó borromeano, o real é inicialmente abordado pelo imaginário. A suposição, a hipótese que encobre o real é imaginária. É o que permite à criança, inicialmente, alocar a possibilidade de satisfação no querer caprichoso do Outro materno e, depois, alocar a impossibilidade de consistir em uma unidade com a mãe, nas transições míticas em que o Outro paterno é terrível e ameaçador. Desse modo, entre simbólico e real há imaginário. O imaginário encobre o real até que o desdobramento repetido da experiência permita depreender o simbólico.

Assim, se inicialmente a criança está alocada na posição de uma peça do jogo discursivo, objeto, portanto, do jogo do Outro, a criança terá que supor, terá que antecipar outras posições possíveis, invertendo-as, mantendo-se obliquamente a elas, submetendo-se e submetendo-as, pactuando, até que possa depreender as regras do jogo, a sua gramática, para poder trapacear, fazendo do jogo, um jogo; enfim, experimentando o simbólico. Para isso, no entanto, é preciso que muitas consistências sejam postas, preencham esses lugares, essas posições relativas que não se suportam vazias de sentido, mas que são tornadas consistentes pelo Outro, que, apostando que há ali um sujeito, imaginariza a intencionalidade de um possível sujeito, um querer dizer a advir. Sem essa tomada imaginária que faz operar um sujeito antes que ele possa comparecer, como alocar um lugar, uma posição, na qual um sujeito, que será (desde que constituído) incomensurável a esse lugar, possa advir?

Se a direção do tratamento é a de permitir, pela transferência, a estruturação do sujeito, cabe ainda perguntar: *como a incidência da transferência poderá viabilizar a estruturação do sujeito?* Afinal, se não temos um sujeito já constituído, trata-se de perguntar: *transferência de quem? Intepretação do quê?*

A transferência na clínica com crianças incide na particularidade da *relação com o outro como transferencial por estrutura,* desde que os agentes parentais legitimem tal laço. A interpretação exige do analista imiscuir-se no ciframento da criança como semblante de objeto, porque,

A TRANSFERÊNCIA NA CLÍNICA COM CRIANÇAS   99

desse lugar, ele pode situar onde é posto e qual o valor de tal posição na constelação em que a criança cifra sua relação à alteridade. Do discernimento do lugar em que o analista é colocado, a posição da criança pode se distinguir. Essa condição do deciframento permitirá o jogo permutativo de posições, na plataforma giratória que permite à criança circular na dimensão significante da metáfora.

A interpretação que a transferência permite, nas graves psicopatologias infantis, exige uma suposição de sujeito, pelo analista, antes que ali haja um. Esse desejo do analista, essa aposta do analista é imaginária, apóia-se numa teoria, num percurso, numa leitura das manifestações da criança que ele distingue e translitera, antes que a criança possa fazê-lo. Portanto, o analista escreve a manifestação da criança como articulação, como suportando uma gramática em que ele – o analista – estica os signos em que a criança se atrela, até a produção de uma frase, e de um dizer.

É o que leva à hipótese de que *o analista lê a manifestação da criança com o seu imaginário.* É com um texto imaginário que o analista veicula o simbólico, desabotoando os signos a que a criança está aderida, para fazer deles significantes. É com esse texto que ele calcula a interpretação, entendida como a extensão metonímica em que o analista implica a criança numa rede discursiva. O analista engaja-se na manifestação da criança, estendendo a produção significante, contando com seu imaginário que: repete, em ato, a manifestação da criança; faz-se de endereço para a ação da criança, tomando-a como um ato subjetivo; reendereça-se à criança; produz uma condição de impossibilidade de reprodução que faz forçagem para que a criança responda de outra maneira; produz atos interpretativos, tantas vezes imaginários que alocam um gesto numa série significante, antes que possa e para que possa, de seu efeito, operar uma legibilidade propriamente simbólica.

Oferecer o imaginário para permitir o estiramento simbólico é, nessa perspectiva, a condição para que a criança possa localizar o gozo fora do exercício do *continuum* do fluxo vital, numa ficção que permita separá-la de insígnias petrificadas, dissolvendo os signos fixos ao estendê-los a outras funções, fazendo-os operar como significantes, produzindo uma construção fantasmática ficcional e não mais um exercício real.

A motricidade, em que o corpo da criança se engaja, veicula em signos o que se inscreveu na sua experiência primeira com a alteridade. Assim, o que caracteriza essa motricidade é uma linguagem privada, que concerne apenas tal incidência da alteridade que não fez função de Outro primordial. No seu movimento, o corpo é regido pela circulação possível no campo fantasmático materno, como objeto-carretel que transita num deslocamento regulado pela extensão e elasticidade da linha que ata suas próprias bordas às bordas maternas, como diz Jerusalinsky.

Os gestos significantes e as enunciações do analista, que estiram tal elasticidade, apostam na possibilidade de seccionar a continuidade dessa linha, evocando perdas ao substituí-las, permitindo o advento da equivocidade que rompe a repartição dessa linguagem feita de signos, como aponta Melman[42] .

Na simplicidade de uma mínima extensão de um jogo da criança, operado pelo analista, este faz a conjugação de um significante a um signo, em que um funcionamento metonímico pode se distinguir. O ato subjetivante da criança, a ser daí esperado pelo analista, implicará a transformação de uma marca qualquer num significante que, ao lê-la, apaga a marca. A substituição pela qual o que tem um sentido se transforma em equívoco, para reencontrar articulação, é por ela que o sujeito se desloca no jogo giratório da linguagem, cujas síncopes indicam o sujeito. Desde que um significante evoque a falta de gozo, uma enunciação se destaca em ato. Mesmo antecedendo a presença do seu agente, esse ato produz, por seu efeito, uma diferença irredutível, lacuna na qual um sujeito será tomado por cifrar a equivocação em que atesta o transbordamento dos domínios estritos da primeira incidência da alteridade, que a criança condensava em suas manifestações. Do engajamento corporal que vivifica o limite sígnico do primeiro laço à alteridade, constituem-se brechas contingentes em que o correlato significante articula o ato. No franqueamento da linguagem que o desloca e o substitui, inscrevem-se os acidentes que lhe são concernentes, traços ressublinhados de diferença, em cujos efeitos um sujeito se precipita em enunciação.

---

[42] Charles Melman: Questions de clinique psychanalytique, AFI, Paris seminários de dezembro de 85 e Janeiro de 86.

A TRANSFERÊNCIA NA CLÍNICA COM CRIANÇAS

Assim, temos um paradoxo: por um lado, o caráter indiscernível da manifestação da criança, para ser lida, para ser tomada como cifra efetuada pela criança, mesmo que mínima, mesmo que cisco de um resto, precisa ser engajada pelo analista numa rede significante, cuja consistência seu imaginário oferece. Por outro lado, o analista não pode ler o texto das manifestações da criança numa relação de correspondência bi-unívoca com sua estrutura de decifrador. Entre a manifestação da criança e as cifras do clínico não há comunalidade de procedimentos de cifração: um texto não substitui o outro. Isso exige que a operação analítica trate o deciframento contando com o texto da criança. Mas não só. Se é preciso que o analista privilegie a manifestação da criança, como marca unívoca do signo em que a criança manifesta o limite de sua condição real, ele precisa inseri-lo em redes diversas; no caso do autismo, antecipando e constituindo uma lógica que ainda não há.

Estendendo esse aquém da lógica, através dos significantes desdobrados pelo analista a partir dos signos colados à criança, este poderá esgarçar a continuidade sígnica modalizada pela criança. É pela sua reincidência em séries distintas, em que eles se alocam, repetindo sua constrição, que se poderá testemunhar a incidência da letra determinativa do texto em questão. O analista assegura seu reconhecimento, apontando-o com a sua antífona[43] leiga ao transliterá-la, permitindo destacá-la como significante, responsório passível, portanto, de ser interrogado, pela criança, na plurivocidade que carrega.

A interpretação não é uma tradução metafórica, mas uma extensão metonímica. O que se faz operante é a insistência da equivocidade, implicada no seu reconhecimento pelo analista. Desde que tenha efetivamente incidência de letra, seu reconhecimento leigo permite desvelar a sua função determinativa. Assim, seja a diferença fonemática, produzida na decalagem de uma homofonia; seja a estranheza que causa surpreendimento, ou mesmo a alteração da acentuação que permite um chiste, a

---

[43] Chamamos a atenção para a etimologia da palavra antífona: falar contra, contra-dizer, tornar explícita a contradição. *Phon* deriva do radical indo-europeu **Bha-** , que designa a fala enquanto proferimento, ressonância de voz humana: phone, não enquanto significa mas enquanto o que se ouve, distinguindo a dimensão do significante.

interpretação interroga a letra, ao tomá-la na equivocidade que o significante permite envergar, causando o engajamento da criança na produção de sentidos em que ela exerce o deslizamento metaforonímico, trabalho sobre a língua capaz de alterar a posição que a fixava.

A aposta do engajamento analítico é a pressuposição de um saber mais além do apreensível, saber sem sujeito, que é alocado num sujeito suposto que, na transferência, uma presença encarna. Entretanto, é pelo fato de o ato analítico não comportar a presença do sujeito que o faz, que ele responde à deficiência que a verdade da criança experimenta: o ato suporta-a.

O ato analítico é um ponto de partida lógico, hiância necessária, que testemunha algo, que lê alguma coisa que diz respeito à criança, operando um deslocamento que abala os sentidos dados e permite renová-los. O ato analítico articula um significante a outro significante, posto em jogo pela criança, ou seja, faz incidência num significante sem que entre eles haja um sujeito: é produção de saber sem sujeito: é atualização do inconsciente. Afinal, toda formação do inconsciente é uma operação que exclui o domínio de um sujeito. Portanto, nesse ato, o analista não representa esse sujeito, mas produz uma fissura na continuidade do sentido, num lugar que inclui o analista como posição de objeto a[44], mas o que autoriza esse ato é a identificação e a distinção dos significantes, em função da *estrutura essencialmente localizada do significante,* ou seja, da insistência da letra, na criança. Tal leitura é o que permitirá desencadear um conjunto de proposições e assim permitir desvelar a cadeia textual e a estrutura de que eles são feitos.

O analista carrega a única transferência possível a um autista: a de receber a demanda do Outro como negativa direta, não como invertida. Ou seja, o pior problema é sua negativa, é seu não-ser, diz Alfredo Jerusalinsky[45]. Na medida em que ele é convocado a sair da passividade de suportar a posição real em que o Outro o insere, o analista inverte a demanda que ele não pode inverter, demandando-o a fazer o real ao invés de sofrê-lo, fazendo cargo da inversão que ele não produz. Isso diz

---

[44] J. Lacan (1967-8), *Seminário XV, L'Acte analytique,* inédito, lições de 22/11 e 29/11/67.

[45] Em comunicação pessoal, em maio de 1999. Seguiremos suas formulações a seguir.

A TRANSFERÊNCIA NA CLÍNICA COM CRIANÇAS   103

do único movimento transferencial de que o autista é capaz. Ele não é capaz de uma transferência histórica, não é capaz de uma neurose de transferência, ou seja, de transferência de um sintoma; o que ele pode é transferir a posição direta da demanda, por isso ele dá uma volta em si mesmo e oferece suas costas. Então, qual é a operação analítica? A mesma que qualquer outro faria com essa transferência? Não. Trata-se de encarregar-se do que está em jogo nessa transferência, através de um ato analítico: produzir a inversão que ele não pode produzir. É a chave da abertura da porta, é a única porta da qual podemos ter alguma chave – e essa chave, ainda temos que fabricá-la.

Na psicose, a posição do analista também é inversa em relação à análise do neurótico. No neurótico, vamos do sintoma ao fantasma, ou seja, vamos do que causa a demanda analítica, que é o sintoma, ao atravessamento do fantasma. Na psicose, o analista se confronta com a colagem entre o sintoma e o fantasma, para, apoiando-se no fantasma, diferenciar o sintoma. Essa é uma particularidade, uma mobilidade que Lacan permitiu aos analistas. Se a criança é pequena, ainda é possível apostar num enodamento dos três registros que fazem o nó borromeano, no qual a diferenciação do quarto elo está superposta como um artifício. A criança que está lançada numa posição em que o discurso já a toca como demanda de responder em ato, independentemente da idade – àquilo que o simbólico montou como ideal para ela. Aí, podemos nos dar conta, *après coup,* de que a criança estava nisso. Nessas condições, a única solução é o quarto elo, ou seja, a invenção de uma suplência, porque há uma possibilidade de segurar o terceiro elo. É a psicose não decidida.

III
Sobre a Clínica Interdisciplinar[1]

1 – Uma clínica interdisciplinar:

Falar de uma instituição sugere a possibilidade de falar em nome de seus membros, supondo um discurso que os represente. Tarefa difícil, talvez impossível, quando se trata da Clínica da DERDIC[2], que tem como princípio o esforço de sustentar a diversidade teórica e clínica de seus profissionais.

Considerando essa particularidade que fundamenta a DERDIC, vou me restringir a situar o movimento institucional no qual me engajo, mesmo que sua operacionalidade ainda seja, em certa medida, mais virtual do que efetiva e mais informal do que propriamente programática. A importância desse movimento, entretanto, deve-se ao que o tratamento possível de crianças impõe: a interrogação sistemática das modalidades pelas quais a instituição trata essas crianças e a conseqüente criação de meios que a transbordem, para que o acolhimento da singularidade do sujeito seja possível, apesar de sua institucionalização.

A Clínica da DERDIC atende uma população de crianças e adultos que manifestam distúrbios de linguagem e da fala. Em tais situações, a condição de sujeito falante está interrogada em patologias diversas, nor-

---

[1] A primeira parte deste trabalho foi apresentada no 1º. Congresso Estadual de Instituições para crianças com Distúrbios Globais do Desenvolvimento, promovido pelo Instituto de Psicologia da Usp – Pré-Escola terapêutica Lugar de Vida, em Junho de 1998 e publicada em *Estilos da Clínica*, USP, ano III, no. 5, São Paulo, 1998, pp.115-119.

[2] A clínica da DERDIC é parte da Divisão de Educação e Reeducação dos Distúrbios da Comunicação, da PUCSP.

malmente categorizadas a partir da classificação médica: surdez periférica e os ditos distúrbios de processamento auditivo central, retardo de linguagem, afasia, disfluência, dispraxia, perturbações da voz, da escrita e leitura, etc. Independentemente de o distúrbio de linguagem ser um dos elementos de um quadro global — como as síndromes neurologicamente definidas, os acidentes vasculares cerebrais, as ditas encefalopatias, ou mesmo as situações psíquicas graves —, a relação do sujeito com a língua constringe-o, e a condição de não-falante ou de mal-falante define a procura de atendimento na instituição.

Evidentemente, não é difícil constatar que essa condição de não-falante sobredetermina os outros aspectos do desenvolvimento, caso de uma criança, ou do reconhecimento social, no caso do adulto. Em ambos os casos, o limite da fala causa processos de exclusão seja da escola, do trabalho, e, muitas vezes, do laço social.

Além do compromisso com o atendimento clínico, a DERDIC está envolvida com a formação de profissionais e de pesquisadores, em grande parte fonoaudiólogos, já que é ali que os alunos de fonoaudiologia da PUC fazem estágios curriculares, mas onde também médicos, psicólogos e assistentes sociais se especializam e/ou realizam pesquisas. Entretanto, tomar a clínica como lugar privilegiado para a formação de especialistas e de pesquisadores engendra dificuldades, não só porque tradicionalmente, na Universidade, essas atividades ocorrem em campos distintos, mas também porque o saber da clínica não coincide com a elaboração científica. Como Michel Foucault[3] nos ensina, a clínica é uma prática discursiva que não responde aos critérios formais da ciência, mas comporta um acúmulo, apenas organizado, de observações empíricas, de tentativas e de resultados, de prescrições terapêuticas e de regulamentações institucionais. Esse conjunto de elementos, en-formado de maneira regular por uma prática discursiva, é chamado de *saber*.

Transformar o atendimento clínico em um campo de pesquisa convoca os profissionais a submeterem-se a cada caso clínico, fazendo dele um lugar de interrogação sobre as teorias e sobre sua transmissão. Mais do que isso, convoca os profissionais a suportarem a convivência com cam-

---

[3]Foucault, M., *A arqueologia do saber*, Forense Universitária, Rio de Janeiro, !986.

SOBRE A CLÍNICA INTERDISCIPLINAR

pos disciplinares distintos, testemunhando as ocorrências da clínica, sustentando ou problematizando conceitos que lhe são correlativos e expondo-se ä refutação. Para isso, é necessário que as ocorrências perturbadoras da clínica sejam acolhidas pelo clínico que as testemunha, para que elas possam constituir um obstáculo à decisão interpretativa imediata do agente da clínica e, assim, interrogar o discurso teórico que a referenda. É o que pode fazer da clínica um lugar propício à problematização de uma suposta estabilidade de conceitos, permitindo a pesquisa e a formação dos profissionais.

Entretanto, as práticas clínicas dificilmente conseguem suportar a tensão entre a manifestação de um sujeito e as teorias que enquadram a sua observação e a sua escuta, fazendo escolhas de recrutamento de dados que as reproduzem, impedindo o discernimento do detalhe em que se aloca a singularidade que cada caso coloca *fora da pauta*. A decorrência desse impedimento é que a tensão entre o singular e o universal, operante na clínica, é abolida em função do que já está categorizado. O esquecimento da tensão entre o *singular* e o *universal* privilegia o *particular* que as teorias nos oferecem, fazendo da clínica um dispositivo de obturação do desconhecido e não uma possibilidade de recolher a singularidade através do que ali se testemunha.

Constituir os meios para que a singularidade do caso possa ser surpreendida e acolhida implica interrogar a experiência e deslocar questões para que, nos termos de Jean Allouch[4], a consideração do detalhe do caso sirva à reelaboração do saber clínico. O método clínico torna-se, nessa perspectiva, tributário da consideração do caso como constituindo um método próprio de inscrição de um sujeito na linguagem. À abordagem clínica caberá, então, decifrá-lo.

Os investimentos clínicos relativos às patologias de linguagem são considerados hoje, na clínica da DERDIC, a partir da necessidade de articulação de diversas práticas, oriundas de campos conceituais e de disciplinas diversas. Atesta-se, assim, a interpenetração dos campos da neurologia, foniatria, pedagogia, psicologia, fonoaudiologia e a insuficiência

---

[4]Jean Allouch, *Letra a letra, traduzir trancrever, transliterar*, Cia de Freud, Rio de Janeiro, 1995.

de cada um deles isoladamente para explicar e/ou tratar as manifestações no campo da linguagem inscritas sob a rubrica do patológico.

Tal procedimento, entretanto, mostra que a transformação do campo diferenciado de cada disciplina em uma prática suficiente para lidar com o âmbito da problemática em pauta traz, na prática clínica, problemas de difícil superação. Afinal, o estabelecimento de uma organização do trabalho clínico, a partir de diferentes pressupostos, ocasiona uma série de negociações e secessões que acabam por constituir práticas segmentadas ou superpostas. No exercício da clínica, a idealização da multidisciplinaridade não chega a estabelecer relações entre campos conceituais, não atinge uma articulação teórica consistente, nem mesmo consolida um debate que permita explicitar diferenças conceituais que delimitam e determinam a diversidade das práticas clínicas, como o atributo "multidisciplinar" poderia sugerir. Apesar da consideração — efetivamente partilhada entre os profissionais — relativa à importância da articulação de campos conceituais distintos, seu efeito é o enclausuramento das clínicas em seus próprios campos e o desenvolvimento de estratégias institucionais que as garantam.

O pressuposto da necessidade da multidisciplinaridade, partilhado na DERDIC, encontra, na experiência clínica, obstáculos que nem sempre são abordáveis. Longe de serem acontecimentos aleatórios, esses obstáculos podem ser demarcados quando nos detemos no pressuposto de multidisciplinaridade: os obstáculos são efeitos do desdobramento desse pressuposto, uma vez que o modelo multidisciplinar não é uma mera *"modalidade de relação"* entre profissionais. Paradoxalmente, tal modelo configura uma modalidade de clínica que propõe um modo de conceber e de privilegiar a abordagem patológica, através da exclusão de qualquer tomada de posição que delimite a concepção e privilégio conferidos à causalidade patológica e à proposta terapêutica. O modelo multidisciplinar supõe uma espécie de "democracia" e um consenso capaz de orientar toda definição diagnóstica e terapêutica:

- supõe que a soma da eficiência no exercício de cada saber é suficiente para "cercar" e "dominar" a resistência imposta pela clínica;
- supõe a presença de uma referência comum, reguladora das relações entre teorias e entre as práticas delas decorrentes,

que seria *aplicável* à compreensão e à hierarquização dos determinantes de cada *quadro* clínico;

- supõe, ainda, que as relações institucionais estão imunes às relações de poder e à ideologia. Enfim, a multidisciplinaridade se sustenta na promessa da possibilidade de totalizar harmonicamente, a cada caso clínico, os saberes sobre o organismo, o psiquismo, a inteligência e a linguagem.

O limite da perspectiva multidisciplinar está no fato de que os diferentes campos teóricos que se quer reunir pressupõem concepções de "ser humano" incompatíveis e mesmo mutuamente excludentes. Assim, os campos teóricos diferenciados fazem furo no ideal de clínica proposto pela multidisciplinaridade.

A persistência da demanda institucional de um modelo multidisciplinar deixa entrever insuficiência e dispersão dos saberes, pela ausência de balizas que permitam evidenciar o regime das relações que regulam a causalidade e o funcionamento das patologias de linguagem. Assim, a necessidade do recurso à multidisciplinaridade atesta que a singularidade da clínica opõe resistência aos saberes disciplinares. Afinal, o título de multidisciplinar pressupõe, em seu próprio nome, a insistência de uma falta: ele atesta, *a priori*, a impossibilidade e a insuficiência de qualquer disciplina isolada diante da resistência que a clínica, com a sua complexidade, oferece à compreensão.

Se, por um lado, a multidisciplinaridade é artefato imaginário sustentado pelo ideal de totalização dos saberes e de seu suposto efeito de domínio pleno da experiência clínica; esse artefato, por outro lado, incide, na clínica, com a veemência de uma ficção necessária. Entretanto, a aposta de muitos profissionais da DERDIC é que ela possa transbordar esse limite e ganhar outro estatuto, para além de sua manutenção nesse vértice imaginário. Afinal, apesar de aparentemente contrários a multidisciplinaridade, os desdobramentos desse vetor são bem conhecidos no quotidiano institucional: o apagamento de alguns saberes (pela adesão descomprometida a outros) ou a defesa cega de saberes encarnados. Trabalhamos, portanto, na via da explicitação da especificidade do objeto constituído em cada um dos campos conceituais, para podermos, na análise de suas diferenças, conferir estatuto simbólico às práticas multidisciplinares

110 CRIANÇAS NA PSICANÁLISE

e, portanto, ultrapassar sua privilegiada produção de mal estar e de malentendidos.

É essa a perspectiva a partir da qual nos propomos a desencadear a abordagem efetiva da diferença, conferindo-lhe estatuto de lugar legítimo para a interlocução. Somos, assim, convocados a considerar a singularidade que emerge na clínica à luz da especificidade de cada campo conceitual para discernir os abismos que separam os territórios dos saberes, produzindo um esgarçamento na continuidade imaginária das disciplinas, a fim de problematizar efetivamente nosso desconhecimento, nossos equívocos, nossos encobrimentos, diante daquilo em que os enigmas da clínica nos engastam.

Abordar, no vértice simbólico, o ideal de clínica pressuposto na multidisciplinaridade, implica que os profissionais se detenham na especificidade teórica de cada campo disciplinar ao se depararem com a estranheza que a clínica oferece à compreensão, para, desse lugar, situar os limites de nosso conhecimento. Tentamos criar condições de discussão a partir da consideração da diferença e da desarmonia entre os campos conceituais e não mais a partir do ideal do somatório ou da importação imediata de conceitos de campos distintos. Supomos, enfim, que qualquer perspectiva de interlocução desses diferentes domínios deve buscar a explicitação de cada um de seus campos conceituais diante do confronto provocado pela singularidade e resistência da clínica. Desse lugar, as diferenças podem não apenas tornarem-se geradoras da discussão de critérios que orientam as intervenções clínicas, mas, ainda, interrogar o que nossas práticas têm de aleatório, como diz Lacan[5].

2 – Psicanálise e prática interdisciplinar

Podemos constatar as impossibilidades emergentes nos ensaios de articulação teórica entre disciplinas a partir de práticas clínicas que se produzem na esteira do encobrimento de diferenças. É isso, exatamente, o que qualquer análise interna da rede conceitual que articula práticas institucionais multidisciplinares evidencia. Não é difícil constatar: *o que*

---

[5] Jacques Lacan, Overture de la section clinique, *Ornicar?*, Paris, 1977.

SOBRE A CLÍNICA INTERDISCIPLINAR

as sustentam são mosaicos teóricos. A fragilidade da rede conceitual que a multidisciplina constitui mostra-se no uso francamente distorcido e simplificado de conceitos devido à alienação do sistema teórico que os causa ou devido à função utilitária que assumem em procedimentos nos quais perdem especificidade e vigor.

Esta constatação inviabilizaria a presença da psicanálise nas práticas clínicas institucionais que se ancoram num funcionamento nomeado *multidisciplinar?*

Para abordar o pressuposto da *multidisciplinaridade,* é necessário desmontá-lo, constituindo um espaço onde a estranheza e a resistência que a clínica impõe à compreensão possam ser reconhecidas, explicitando o limite que estabelecem para a especificidade dos campos conceituais que orientam as diversas práticas. Tal perspectiva permite supor a possibilidade e a pertinência da psicanálise em instituições, como é possível verificar na prática clínica que será relatada a seguir.

A psicanálise, como prática institucional, considera a potencialidade da clínica como provocadora de interrogações às teorias, e intima os diversos especialistas a se colocarem entre a teoria e o paciente. Longe da *democracia* multidisciplinar, a psicanálise assume, nessa prática, lugar privilegiado de apontamento da diferença, na medida em que há um sujeito implicado em toda experiência clínica, mesmo numa fugaz insistência que não permite estabelecer sua equivalência, mas que se manifesta. É na aposta de sua escuta que essa clínica se sustenta. Trata-se de uma prática clínica institucional, com crianças, em que a pergunta sobre o sujeito se constitui a partir de seus efeitos no discurso modalizado pelo outro - a produção discursiva que provoca nos familiares e nos especialistas que a articulam a diferentes pressupostos, ao ensaiarem o encaminhamento ao serviço ou uma compreensão do *quadro patológico.* Esta concepção permite que o único limite ao atendimento seja a ausência de demanda do campo social.

Nenhuma situação patológica é previamente selecionada, possibilitando que as crianças sejam encaminhadas a partir das mais diversas queixas, desde problemas escolares até situações em que um processo psicótico ou um dano neurológico estão em causa. Cabe comentar esse aspecto diferencial do atendimento de pacientes com incidências neurológicas, posto que essas incidências particulares do Real no sujeito, ou os ensaios discursivos que o campo social lhe conferem, raramente são abordados pela psicanálise.

Apesar da afirmação psicanalítica de um impossível à articulação simbólica, a presença desse impossível, quando demarcada pelo discurso médico, implica, em geral, a evitação da clínica. Tais sujeitos, submetidos a avatares situados aquém do mal-estar dos mitos neuróticos, estão sob risco de apagamento (sejam limites à constituição subjetiva, sejam possibilidades de destituição subjetiva), posto que, muitas vezes, a consideração de sua escuta escapa ao clínico, tornando a clínica iatrogênica. Raramente, nas situações em que há lesão de órgão, o especialista se deixa interrogar quanto ao sujeito implicado, dado que os sinais patológicos confundem a urgência de cuidados médico/reeducativos com o esquecimento do sujeito. O sujeito evanescente que aí comparece lateralmente é, em tais situações, efetivamente apagado através da medicalização, da ajuda samaritana, ou da reeducação de funções.

Essa experiência clínica com crianças não se efetua sem o estilo singular do psicanalista Jean Bergès[6], que recriou a *"presentation clinique"*, exercida por Lacan. Essa prática revolucionara a função de demonstração que caracterizava a clínica de Charcot, transformando-a em ato psicanalítico. Preservando o ato, Bergès resgata a legitimidade da fala da criança como possibilidade da clínica e configura uma cena pública para confrontar os discursos médico, psicológico, pedagógico, fonoaudiológico e psicanalítico com a fala da criança, nos casos em que os procedimentos usuais desses profissionais mantiveram o diagnóstico em situação de impasse.

Problematizada e confrontada com o discurso da criança, essa demanda dos especialistas produz uma reviravolta: ao invés de rejeitar as práticas instituídas que produzem discursos sobre o mal-estar da criança e seus efeitos no outro, o psicanalista se propõe a acolhê-las e a investigar nelas a emergência de seus lugares de incertezas, equívocos e mal-entendidos, para transformá-las em campo privilegiado de reconhecimento da incidência do sujeito na submissão de pressupostos à interrogação. Ao

---

[6] Uma descrição e análise pormenorizada desta prática poderão ser encontradas em VORCARO, A. e AUDAT, A.C. - *Quelques remarques sur la consultation publique du Dr. Bergès*, Memoire de Stage, Paris, 1992 (mimeo), Biblioteca da DERDIC-PUCSP.

reconhecer a palavra da criança, o clínico privilegia a fala como enigma de um assujeitamento singular e, ao exercer essa prática, diante de testemunhos, limita as impregnações imaginárias que aí possam vir a incidir. Assim, a clínica pública configura uma possibilidade de tomar a fala como lugar de reconhecimento e de testemunho do incompreensível.

Num cenário composto pelos especialistas, que diagnosticaram *funções* da criança com base nos mais diversos pressupostos e instrumentos, e diante de uma audiência silenciosa que dá contorno ao espaço, *o discurso social* sobre a criança é ali atualizado. O responsável pela pré-consulta inaugura a sessão, apresentando a queixa e o discurso familiar que a sustenta. As lacunas, contradições, repetições, surpresas permitem novas aproximações, iluminando, por vezes, demandas *laterais* e mitos que situam a criança ou que determinam sua produção sintomática. A seguir, cada especialista apresenta as conclusões de suas avaliações, apontando a especificidade da fala da criança em cada situação em que foi surpreendido pela singularidade da criança. Novas lacunas, repetições, contradições e surpresas provocam indicações para a formulação de hipóteses sobre a lógica de funcionamento da criança. Desse modo, essa situação põe em cena não apenas a criança, mas cada especialista, posto que são intimados a explicitar o modo como a referência teórica está operando nas incidências clínicas ressaltadas.

Em seguida, a criança é conduzida à cena pública e se depara com a situação na qual tomará posição principal de autor/ator. Essa interlocução a dois, na presença de um terceiro multiplicado, cria a exigência de que a criança fale. Nesse ato, explicita-se a expectativa do clínico de que ela articule sua demanda, ou seja, a posição da criança enquanto falante reconhecido como tendo algo a dizer. O clínico convida a criança a se posicionar em relação à queixa e procura aproximar-se da dificuldade reconhecida por ela, justificando as perguntas ao afirmar seu próprio desconhecimento sobre o que se passa, servindo-se, por vezes, de contradições presentes nos resultados apresentados pelos especialistas. Na especificidade da formulação da queixa, pela criança, são apontados significantes que introduzem o desdobramento de narrativas da criança, em que mitos, dificuldades, rituais e expectativas são apresentados. As teorias da criança acerca de sua inscrição subjetiva são escutadas através das histórias da família, dos nomes, das profissões dos pais, atitudes destes diante da dificuldade da criança, grandes mudanças, nascimento dos irmãos, ciúmes, sonhos, amigos, dores, jogos preferidos, etc.

Os comentários, as questões, a comparação com falas de outras crianças, e as posições pessoais do clínico também comparecem, sustentando a interlocução com a criança. Aquilo que escapa à coerência do discurso intencional da criança é sublinhado, transformado em piada, repetido em outro contexto ou prolongado. Deslizamentos de sentido, metáforas, negativas, trocadilhos, contradições, diferenças fonéticas, expressões e tudo o que evidencie hetereogeneidade na fala é por vezes ressaltado ou estendido. A interlocução é marcada basicamente pelo lugar de interrogação da opacidade do dito como um campo desconhecido, evidenciando o não compreender, numa aposta na possibilidade de a criança ir além do já dito. Em situações específicas de limite da continuidade discursiva, o clínico estabelece mudanças bruscas no cenário, escandindo as falas.

Solicitando à criança um engajamento com seu corpo, a reprodução de gestos e de grafismos incrementa hipóteses sobre o modo de captura especular do/pelo outro e seus efeitos simbólicos. Em seguida, retomam a interlocução num ponto inesperado, seja porque o clínico o introduz, seja porque a criança reconstitui o já dito ou responde a uma questão anteriormente formulada de um lugar onde esta pode ser rearticulada. A pergunta sobre a expectativa da criança em superar as dificuldades, os rituais supostos por ela, as tentativas já feitas e seus efeitos precedem uma proposta de encaminhamento feita a ela e, em seguida, aos pais (nem sempre publicamente). As hipóteses e questões sobre o funcionamento da criança são propostas e discutidas com a audiência, a partir da posição em que esta se coloca na sua lógica discursiva, salientando os enigmas presentes e justificando os encaminhamentos efetuados.

Entretanto, cabe interrogar: o que se coloca em jogo nessa modalidade clínica? Como a interdisciplinaridade é aí abordada? Que operação transferencial a permite?

Tomando como referência o trabalho de Dorey[7], pode-se considerar essa prática clínica como o testemunho da dinâmica fantasmática do

---

[7] DOREY, R. - Pour la présentation clinique, *Nouvelle Revue de la Psychanalyse*, 1990, p.145.

SOBRE A CLÍNICA INTERDISCIPLINAR 115

inconsciente em ato, apreendido sob três incidências, nas quais o campo
transferencial é singular:

- o testemunho do sofrimento dado pelo discurso do paciente,
  reatualizado pela presença dos outros protagonistas;
- o testemunho da relação do analista ao inconsciente e à teoria;
- o testemunho da assistência que, por seu olhar e escuta, im-
  põe-se como instância simbólica, constituindo um olhar terceiro que mediatiza a relação paciente/analista, represando o
  imaginário dessa troca, sancionando e conferindo ao dizer
  uma nova eficácia.

A presença da audiência é determinante nessa prática de *présentation
clinique*, definida por Porge[8] como *tomada da palavra*. Porge afirma ainda que ao se dirigirem apenas indiretamente à assistência, clínico e paciente estão implicados em um mesmo olhar, em nome do qual falam,
atualizando o limite, não representável mas incidente, do olhar, da voz e
do corpo.

> *<<Terceiro que se interpõe (...) na medida em que nenhum dos dois
> atores tem o domínio. Se domínio deve aí haver, ele não passa pelo
> afrontamento dos dois atores, mas pelo assenhoramento, pela palavra, de
> alguma coisa em que esse público será o lugar de realização de uma inten-
> ção (como no Witz, segundo Freud), que não é formulada anteriormente
> e que não é dominável por nenhum dos dois interlocutores.>>*[9]

A aposta no reconhecimento e a intimação à inscrição subjetiva
operados pela relação clínico-paciente-público precipitam, nos efeitos da
fala, a constituição de demandas anteriormente capturadas em queixas.

Independentemente do estilo singular em que essa experiência clínica se constitui, cabe ressaltar o viés da incidência da psicanálise na
instituição que opera a partir do funcionamento interdisciplinar. Seus

---

[8] PORGE, E. - La présentation de malades: Charcot, Freud, Lacan, Aujourd'hui, *Un siècle de
recherches freudiennes en France*, Colloque des 22 et 23 février 1986, Centre Georges
Pompidou, Paris, 1986.

[9] PORGE, E. - La présentation de malades, *Littoral*, n. 17, Erés, Toulouse, 1985, pp. 39-40.

efeitos não se configuram como superação dos impasses implicados nos ensaios de harmonização de campos conceituais distintos, através da experiência clínica, e nem na perspectiva de dar à psicanálise a última palavra. Pelo contrário, ao conferir legitimidade aos discursos especializados que têm em vista compreender situações clínicas, constitui impasses e encontra neles o campo privilegiado de escuta e intervenção. Mas esse mesmo movimento é repetido na própria experiência clínica, em que a singularidade do caso aponta outros impasses, desta vez, em relação ao limite do campo psicanalítico. Como diz Alfredo Jerusalinsky:

> <<A psicanálise,[...], não se orienta por sinais patognomônicos, mas pela polivalência do significante. Isto é, tomando o signo no seu valor de significante e não no de sinal, o que implica considerar as múltiplas signficações possíveis de tal signo no campo simbólico, deixando como resto da operação o enlace irredutível de tal signo ao Real. O que justifica a introdução da psicanálise na prática clínica em geral é justamente o reconhecimento de que a significação re-situa esse resto, permitindo descobrir quanto de verdadeiramente irredutível ele tem, e, ainda, coloca-o sob uma inscrição simbólica que lhe permite funcionar numa certa articulação com o sujeito.>>[10]

Portanto, o efeito da introdução da psicanálise na prática clínica é, neste contexto, a sustentação da heterogeneidade teórica e da alteridade implicada na experiência como condição de possibilidade de práticas clínicas que intimam essa interlocução paradoxal. E, ainda, resgatar algumas das funções da clínica, geralmente esquecidas nas práticas que se ancoram na técnica como garantia de cientificidade: tornar o desconhecimento formulável; criar um campo de interrogação às teorias; expor enigmas da experiência clínica; enfim, enfrentar o ideal da *interdisciplinaridade.*

---

[10] Alfredo Jerusalinsky - Multidisciplina, Interdisciplina, Transdisciplina, em: *Escritos da Criança*, ano lll, n.3, Centro Lídia Coriat de Porto Alegre, Agosto de 1990, pp.56-57.

IV

Laços à deriva:
Relações inter-setoriais entre a Psicologia e a
Fonoaudiologia[1]

Muitos dos distúrbios da fala e da linguagem vêm exigindo da fonoaudiologia esforços bastante significativos, para que os saberes veiculados nessa prática diagnóstica e terapêutica possam vir a ter o estatuto de uma rede conceitual capaz de demarcar um campo disciplinar que lhe seja próprio. Na tentativa de responder às interrogações que a clínica provoca aos seus agentes e às teorias que os referendam, várias têm sido as cumplicidades estabelecidas entre a fonoaudiologia e outras disciplinas.

Partimos, aqui, do relato dos laços feitos com a psicologia, num serviço que conjuga a formação teórica de fonoaudiólogos à prática do atendimento clínico à população afetada por distúrbios de linguagem. Essa escolha tem o propósito de balizar um campo de deslizamentos de saberes distintos no funcionamento cotidiano de uma prática clínica, para surpreender os pontos de coincidência em que tais saberes se encobrem e se iluminam, veiculando discursos sobre a abordagem diagnóstica e terapêutica. Com esse propósito, analisaremos um pequeno fragmento do funcionamento institucional, já que podemos considerar que essa referência restrita não é um limite de nossa abordagem, mas a condição mesma da reabertura de um jogo de significações.

Trata-se do *caso* das relações entre os Setores de *Fonoclínica* e de *Psicologia*, na Clínica de Distúrbios da Comunicação da PUC-SP. Destacaremos, do funcionamento institucional, apenas a relação entre o *Setor de Fonoaudiologia Clínica* - composto por fonoaudiólogos em fun-

---

[1] Este texto foi escrito em co-autoria com a psicanalista Sandra Pavone de Souza, membro do Setor de Psicologia da Clínica da Derdic-PUCSP.

CRIANÇAS NA PSICANÁLISE

ção de supervisores da prática clínica dos alunos de terceiro ano do Curso de Fonoaudiologia - e o *Setor de Psicologia* - composto por psicólogos de formação psicanalítica, que atuam, entre outras funções, no acolhimento de demandas de psicodiagnóstico e de discussão de casos originados na supervisão fonoaudiológica desses alunos.

Ao nosso ver, a parcialidade da reflexão proposta não retira a importância de sua análise, já que os traços da organização formal de uma instituição universitária não se cavam à margem do movimento das idéias que são, ali, praticadas; pelo contrário, é acontecimento que as cristaliza, reflete-as e pode surpreendê-las. Afinal, através do reconhecimento de que pertencemos a uma tradição, recriamos o que ela teria sido, e assim podemos tentar modificá-la, produzir outras perguntas, deslocar questões, tornando-a objeto de novas distinções que concorram para fazê-la progredir.

O esclarecimento dos procedimentos pelos quais o jogo de complementaridade entre Fonoclínica e Psicologia é colocado em ato nos permitirá formular uma hipótese sobre os pressupostos que o tornam operante. A partir daí, nós o interrogaremos.

1 - O caso

A aproximação da fonoaudiologia ao campo da subjetividade e da psicopatologia inicia-se, na DERDIC, num contexto que antecede qualquer reflexão, por parte da fonoaudiologia e da psicologia, sobre a natureza dos seus laços ou sobre os frutos que poderiam produzir. Não sem incômodos, a relação entre os ditos distúrbios da comunicação e o psiquismo era concebida, no funcionamento institucional, como inserida num projeto muito mais abrangente, oriundo da medicina. Sua urgência foi destacada não de um interesse particular da fonoaudiologia, que naquele momento dava seus primeiros passos rumo à constituição disciplinar, mas da perspectiva médica que, constatando a incapturável heterogeneidade de manifestações de comunicação perturbada, recorria à multidisciplinaridade. Tal direcionamento repetia tendências em voga em outros centros de ponta, oferecendo-se, desde os primórdios da DERDIC, como possibilidade de apreensão diagnóstica e de controle da condução terapêutica.

LAÇOS À DERIVA

Assim, a herança da fundação médica da psicologia e da fonoaudiologia foi preservada no modo de operar as relações entre os dois campos: por um lado, o modelo biológico de funcionamento interdependente e complementar dos órgãos, no organismo, foi transposto para a estrutura de funcionamento institucional, orientando as relações entre as disciplinas; por outro lado, a despeito da incongruência epistemológica de se estender à fonoaudiologia e à psicologia o modo de abordagem do organismo, essas disciplinas o repetiram, nos modos de aproximação à linguagem e ao psiquismo, respectivamente, sem levar em conta barreiras teóricas. Afinal, ao contrário do modelo orgânico, a propriedade distintiva de disciplinas é dada pela heterogeneidade dos objetos (e de modos de abordagem) que cada uma visa, o que faz delas, estruturalmente, não complementares nem biunívocas, mas discrepantes.

No tempo da formação e institucionalização das práticas fonoaudiológicas, o fonoaudiólogo estava, na clínica da Derdic, submetido às prescrições de uma equipe (médico, psicólogo, assistente social, lingüista) que diagnosticava e indicava os tratamentos fonoaudiológicos[2]. Apesar de uma proposta de horizontalidade dos saberes, as disciplinas se organizavam, na equipe, hierarquicamente. A tal equipe, o fonoaudiólogo, responsabilizado pela terapêutica, prestava contas sistematicamente. Alocada numa posição secundária e definida por uma hierarquia institucional que pressupunha sua insuficiência enquanto disciplina operadora da clínica, a fonoaudiologia estava sob a dependência e tutela de outros saberes, dentre os quais aquele atribuído à psicologia, que tinha posição privilegiada devido à autoridade que a medicina lhe concedia.

Posteriormente, os ecos do esforço de autonomia da fonoaudiologia enquanto disciplina tiveram efeitos no funcionamento da DERDIC. O Setor de Fonoclínica separou-se formalmente da estrutura institucional, vinculando diretamente os supervisores do estágio obrigatório dos alunos à Faculdade de Fonoaudiologia (na disciplina de Fonoclínica I e II). A DERDIC reduziu-se, assim, à infra-estrutura espacial, técnica e administrativa necessária para viabilizar tal estágio. Nesse percurso, com

---

[2] Cf. Angela Vorcaro, *Relações Multidisciplinares: das negociações numa clínica de distúrbios da comunicação*, São Paulo, Educ,1994.

a conquista de autonomia no diagnóstico e no encaminhamento a especialistas, operou-se um deslocamento da condição técnica do fonoaudiólogo: a antiga equipe multidisciplinar — naquilo que concernia seu campo de atuação junto ao Setor de fonoclínica — perdeu seu atributo e foi fragmentada. Seus membros passaram a exercer individualmente, por indicação e decisão do fonoaudiólogo supervisor, a função de retaguarda para o atendimento clínico dos alunos e para a supervisão. Mantendo-se o mesmo modo de relação, mas em posições inversas, os médicos, psicólogos e assistentes sociais passaram a atender casos *sob demanda* do Setor de Fonoclínica e a prestar contas de suas avaliações a tal Setor.

Assim, a partir de então, no que diz respeito ao laço estabelecido entre o Setor de Psicologia e a Fonoclínica, os fonoaudiólogos-supervisores passam a solicitar, quando julgam necessário, a avaliação psicológica dos pacientes atendidos pelos alunos.

Excluídas as situações em que os pais ou o próprio paciente formulam o pedido de atendimento psicológico, as solicitações de diagnóstico e/ou discussão de casos dirigidas ao Setor de Psicologia são originadas por algum impedimento do paciente para responder à proposta clínica fonoaudiológica. Essas interferências são formuladas ao Setor de Psicologia em diversos níveis, em geral referidas à invulnerabilidade ou indisponibilidade à intervenção terapêutica imprimida pela fonoaudióloga. Por se tratar basicamente da clínica de crianças, a incidência dos pais também é aí determinante, já que, segundo as fonoaudiólogas, eles também atuam de modo impeditivo, através de atos tais como: *"faltar sistematicamente", "não propiciar a separação da criança para viabilizar o atendimento", "desprezar o que a fonoaudióloga lhes aponta"*, ou seja, os pais opõem-se ou resistem à conduta proposta pela fonoaudióloga. Enfim, essas solicitações de avaliação psicológica vêm embaladas na suposição de uma outra ordem de interferência no quadro orgânico ou funcional da patologia de linguagem e visam, por esse meio, explicitar a incidência determinativa de uma condição psíquica seja no distúrbio de linguagem, seja na viabilidade da abordagem terapêutica fonoaudiológica.

Os casos encaminhados para psicodiagnóstico entram em *"fila de espera"*, ou seja, permanecem aguardando a disponibilidade dos psicólogos para o atendimento. Nessas circunstâncias, os pais e a criança são informados e, em geral, acatam o encaminhamento. Nas entrevistas iniciais com o psicólogo, entretanto, surpreendem-se quando lhes é perguntado em que tal encaminhamento lhes concerne e respondem: vieram ao psicólogo porque a fonoaudióloga pediu. Assim, é comum constatar a dispersão do que teria causado tal solicitação de diagnóstico psicológico (quando ela é viabilizada), mesmo que o registro formal das razões fonoaudiológicas, que orientaram a solicitação, tenha sido, antes, efetuado e recebido pelo Setor de Psicologia. Após as entrevistas iniciais, o psicólogo responsável procede à avaliação, através de instrumentos diagnósticos que, por muito tempo, mantiveram-se na interface entre a medicina e a psicanálise, operando a junção de procedimentos oriundos dos aparatos quantificadores psicométricos e preceitos psicanalíticos de diversas origens conceituais.

A psicologia, baseada na estatística e no estabelecimento de padrões de normalidade/patologia, mantinha uma extensão do estatuto do funcionamento do organismo tal como abordado pela medicina. Entretanto, no uso de alguns instrumentos psicométricos, torna-se, muitas vezes, necessário distorcer instruções, interpretar respostas, reduzir ou generalizar resultados de provas devido à condição restritiva da linguagem, que não é contemplada por esses instrumentos. O abandono da neutralidade e o recurso à própria subjetividade do psicólogo tornam-se, então, instrumentos legítimos no psicodiagnóstico, preenchendo as insuficiências dos procedimentos psicométricos, e conceitos como o de contratransferência e de interpretação passam a cumprir, como preceitos, uma função resolutiva nos impasses do psicodiagnóstico em casos de distúrbios de linguagem.

Terminada a avaliação (que por vezes inclui observação do atendimento fonoaudiológico), os psicólogos discutem o caso junto ao fonoaudiólogo-supervisor e seu grupo de alunos. Duas direções de intervenção do psicólogo são assumidas:

- provisão de informações diagnósticas que eram desconhecidas ao fonoaudiólogo sobre o caso que atende;
- orientação de condutas supostas necessárias ao manejo terapêutico do caso.

Esse funcionamento, entretanto, nunca teve um estatuto de unanimidade. Enquanto muitos legitimaram essa perspectiva, outros, fossem eles psicólogos ou fonoaudiólogos, incomodaram-se e mesmo suspen-

122   CRIANÇAS NA PSICANÁLISE

deram tal procedimento, assumindo que a resposta do psicodiagnóstico nada esclarecia, por já ser sabida, por ser questionável ou mesmo porque os pressupostos com que a psicologia trabalhava tornavam seu raciocínio clínico inassimilável. Alguns fonoaudiólogos e alguns psicólogos, reconhecendo que algo incide entre a solicitação e a não implicação dos pais ou do paciente na avaliação psicológica, problematizam a pertinência do encaminhamento: haveria dificuldades na relação da aluna com o paciente? Haveria um limite na própria terapêutica fonoaudiológica? Haveria um limite na clínica psicodiagnóstica?

2 - Algumas Demarcações

A partir da modalidade de funcionamento acima descrita, situaremos a orientação da relação entre a clínica fonoaudiológica e psicológica nesse serviço, discernindo alguns traços do que insiste, repetindo-se em solução de continuidade.

A clínica dos distúrbios da linguagem, seja ela fonoaudiológica, foniátrica, neurológica ou psicológica, apresenta uma especificidade quando comparada às práticas médicas tradicionais. Diferentemente do testemunho que a clínica médica nos oferece, ela resiste a conformar-se aos quadros classificatórios e etiológicos das patologias, ou aos padrões de normalidade previamente repertoriados na literatura e na experiência do clínico. Os distúrbios da linguagem, mesmo quando associáveis a quadros orgânicos ou a limitações do meio social, trazem a marca da posição de um sujeito na língua, posição que implica a ação motora articulatória, a reprodução lexical ou a aplicação de regras gramaticais. Os distúrbios da linguagem testemunham o rastro de um sujeito na singularidade de sua inscrição no laço discursivo.

O inevitável comparecimento do traço singular de sujeito no distúrbio da linguagem coloca o clínico diante de impasses para situar plenamente o "caso" em qualquer correspondência classificatória previamente estabelecida. A clínica fonoaudiológica é sensível a tais traços, uma vez que incidem nos propósitos diagnóstico e terapêutico que a sustentam. Quando esse traço de sujeito que descarrila o saber orientador da condução clínica mobiliza o fonoaudiólogo, esse se deixa interrogar pelo que torna sua técnica opaca. A riqueza desse *"saber não sabido"* é permitir ao clínico submeter-se à singularidade de cada caso, preservando a tensão que garante à clínica seu estatuto privilegiado de interrogar seus pressupostos, fazendo-a, assim, progredir.

Entretanto, devido à incidência dos resíduos da herança institucional, tal mobilização é, muitas vezes, diluída e perdida, tanto pelos psicólogos como pelos fonoaudiólogos, ou seja, acabam sendo sobredeterminados por um modo de funcionamento e não pela escolha pessoal de cada agente da clínica.

Quando o saber atribuído à psicologia é encarnado e exercido pelos seus agentes, por meio da oferta de respostas supostamente reorientadoras da clínica fonoaudiológica, as solicitações feitas ao Setor de Psicologia põem em jogo a expectativa de um conhecimento a ser constatado, compreensão que faltaria à plena apreensão do caso e que possibilitaria propor novos manejos e estratégias de abordagem. O engajamento do Setor de Psicologia nesse modo de funcionamento evidencia a manutenção de uma posição que reproduz a origem da prática clínica na DERDIC. A promessa de *compreensão* e de *orientações* ao caso, a serem oferecidas pelo psicólogo, mantém o princípio da insuficiência da fonoaudiologia enquanto prática clínica e fomenta a imaginarização de uma condição privilegiada de saber da psicologia, desconsiderando a riqueza e o privilégio da interrogação que o caso impõe ao fonoaudiólogo. Ao transmutar um suposto saber em saber, a clínica psicológica torna-se estéril.

3 – O apagamento do traço

As interrogações que o caso impõe ao fonoaudiólogo e que movem o encaminhamento ao Setor de Psicologia nem sempre são abordadas ou sequer privilegiadas. Ao contrário, as interrogações são encobertas e deslocadas. Sob o modo de queixa, algumas solicitações de avaliação e alguns encaminhamentos ao Setor de Psicologia encobrem o traço de singularidade do caso desde sua inscrição na instituição. À queixa que orienta o encaminhamento da criança à DERDIC sobrepõe-se uma linhagem de queixas que a estratificam:

- a queixa que orienta o encaminhamento ao Setor de Psicologia;

124 CRIANÇAS NA PSICANÁLISE

- a que lamenta a ingenuidade da apreensão dos fenômenos da clínica, pelo aluno, justificando o pedido de avaliação psicológica com a suposição de que esclarecer o aluno sobre a dinâmica subjetiva e familiar do paciente poderá reorientar sua prática;
- a do próprio Setor de Psicologia, incumbido de resolver e dissolver os problemas do ensino da prática clínica fonoaudiológica.

Essa linhagem de queixas deixa depreender a hipótese de que as dificuldades clínicas são originadas na suposição de um paciente que se enquadraria idealmente à técnica e, desse ângulo, o paciente concreto está sempre em falta, por não corresponder ao ideal. Assim alocadas, as implicações de singularidade do terapeuta e do paciente são esquecidas, apagadas por deslocamentos que as encobrem.

Desta forma, no pedido de avaliação de um paciente ao Setor de Psicologia, ressublinha-se a incidência da *dificuldade* em suportar a não correspondência entre o que se espera e o que se mostra, ou seja, em suportar que a marca de singularidade impede o domínio da previsibilidade. Essa dificuldade é modalizada em manifestações de níveis distintos: a impossibilidade de apreender o que se coloca em jogo na *transmissão de um saber clínico* do supervisor para seu aluno; os obstáculos à compreensão implicados na *relação terapêutica* entre o aluno e paciente (ou seus pais); os embaraços da *lógica da insuficiência* da criança para corresponder ao lugar em que é esperada por seus pais, por seus médicos ou por seus professores — insuficiência causadora do encaminhamento à DERDIC. Portanto, essa linhagem da insuficiência da criança atinge sua quarta geração subjetiva quando ela é abordada pelo Setor de Psicologia, numa condição em que ela é, cada vez mais, nublada, dispersa e anônima:

1ª - *os pais* recorrem à DERDIC queixando-se da insuficiência da criança;

2ª - *o aluno* de fonoaudiologia queixa-se ora da inadequação dos pais para exercer sua função de transmissão da linguagem, ora da insuficiência da criança para responder ao tratamento proposto;

3ª - *o supervisor* queixa-se da inexperiência de seu aluno;

4ª - *o psicólogo* queixa-se do encaminhamento não tratado/mal tratado.

Tomar todas essas manifestações como insuficiência é desconsiderar que elas se inscrevem numa lógica. A conseqüência é que, ao assumir a perspectiva da insuficiência, mantém-se desconhecida a posição da criança no laço discursivo do qual depende sua condição de falante, enquanto o procedimento institucional mantém perdido o que essa criança demandaria, através da lógica do sintoma, da inibição ou da angústia na linguagem.

A incidência da condição psíquica no distúrbio de linguagem nem sempre se torna testemunhável na avaliação psicológica, seja porque foi dispersada entre vários protagonistas que tratam o distúrbio de linguagem, seja por estar apartada do discurso daquele para quem esse distúrbio emergiu como interrogante e a quem foi endereçado. Apassivada pelo sistema de intervenção que a mantém à deriva, apagada na identificação do sujeito ao déficit da organicidade e na inadequação do meio parental e social, ou ainda, no tratamento do *"mal funcionamento lingüístico"*, a avaliação psicológica prescinde de qualquer concepção que articule tal funcionamento lingüístico à estruturação subjetiva.

Tal desconhecimento se mantém em conseqüência da impossibilidade de um sujeito nela se concernir. Não se trata, aí, de uma *"má vontade do sujeito"*, mas de um funcionamento institucional que só pode ouvir - da interrogação - sua face de queixa, de falta, operando uma intervenção sob o modo de suplência. A situação de diagnóstico psicopatológico constitui-se, dessa maneira, como um procedimento formal padronizado, que esfacela o sujeito em habilidades (cognição, interação, afetividade, motricidade), a partir de uma queixa que se tornou anônima, e que é, portanto, impotente para mobilizar o laço de um sujeito com a linguagem, através do recrutamento de sua interrogação sobre a posição de onde fala ou cala.

4 - Uma outra via

Coloca-se, portanto, a questão: *como reverter essa série reconduzindo-a ao seu devido lugar?* Trata-se de problematizar essa queixa que chega ao Setor de Psicologia abrindo-a à interrogação, para distingui-la como insistência de um saber desconhecido, mas imperativo em ser veiculado de geração em geração subjetiva; transmitida sem, entretanto, ser dita, até que, numa quinta geração, o supervisor queixe-se de que a resposta do psicólogo não corresponde ao seu pedido.

A partir dessa interrogação, formulamos a hipótese de que o suposto não-saber do aluno deve ser tomado como lugar privilegiado para instaurar uma dizibilidade. Portanto, trata-se, nos encaminhamentos recebidos pelo Setor de Psicologia, de dar voz ao que ele diz de seu mal estar, já que, afinal, é o aluno que, na clínica, suporta o laço com a criança. Esta discernibilidade da incidência do psiquismo de um paciente no campo de intervenção fonoaudiológica só é possível levando em conta a posição subjetiva daquele que está exposto ao mal estar que a clínica impõe, ou seja, só se pode partir de seus supostos equívocos e ingenuidades para desenrolar as implicações da relação entre as patologias de linguagem e a psicopatologia. Enfim, seu não-saber deve ser tomado como lugar privilegiado através do qual o enigma da criança se veicula.

A partir de nossa detenção nas modalizações em que essas solicitações ocorrem e no que pode ter movido tais apelos é que se delinearam as possibilidades de apontar as relações entre a fonoaudiologia e a psicanálise. Constatando que, na maioria das vezes, a solicitação não parte daquele que será atendido, e sim do profissional responsável, discernimos que o que é encaminhado à fila de espera é a queixa de um profissional: seu mal estar sobre o que rege a implicação entre condição psíquica e patologia de linguagem. Assim, partimos da queixa do aluno-fonoaudiólogo, entendendo que há algo aí, indiscernível, buscando se inscrever. Entendemos que responder imediatamente ao pedido de diagnóstico psicológico de um paciente é fazer operar o encobrimento, é degradar o valor de verdade dessa queixa. Na realidade, o que cabe aos psicólogos é não adulterar a demanda do aluno-fonoaudiólogo que o procura com a oferta de uma resposta hipotética sobre o caso, oferecendo regras de conduta como se fossem garantias de verdade. Trata-se, sim, de criar as condições para melhor dizer do mal estar na clínica fonoaudiológica, ao preservar, ao invés de obturar, a distância entre o querer dizer e o que é dito, por meio da solicitação de avaliação do paciente. Nessa preservação, o que está em jogo é a problematização da queixa, para que ela possa ser colocada em seu lugar. Exercida em seu tempo de diferenciação, a problematização, pode ser efetiva, ou seja, ela pode comprometer quem diz com o que diz.

Desta perspectiva nota-se que a resposta da avaliação psicológica apenas encobre a incidência do vácuo que faz rolar a dívida conceitual de um diagnóstico capaz de sustentar o laço que ata a patologia de linguagem ao falante que a veicula. Constatam-se, também, as operações de encobrimento dessa dívida, no serviço de atendimento, no qual se reproduz a obturação das posições subjetivas dos agentes clínicos, em proveito de uma técnica — seja ela psicológica ou fonoaudiológica — supostamente eficaz.

V
Da língua e de adolescentes numa escola de surdos

A modalidade de prática escolar experimentada numa unidade que recebe adolescentes surdos, que até então não tinham efetivamente passado por uma escolarização bem sucedida, apresenta especificidades a serem resgatadas, para permitir tecer a rede de referências em que assentam uma demanda insistente — o apelo à presença de um psicólogo no cotidiano escolar — e uma problematização — a posição em que um psicanalista poderia se engajar.

A solicitação de um psicólogo na escola dizia respeito ao comportamento dos adolescentes. Graves problemas que podem ser listados: violência, depressão, infrações às normas escolares, ameaças a colegas, dependência exacerbada dos pais, dos professores, de outros colegas ou da religião e, ainda, casos de gravidez e de homossexualismo. A presença sistemática do psicólogo, na sala de aula, permitiria tratar, preventivamente ou nas urgências contingentes, temas relacionados aos problemas por eles enfrentados: violência, drogas, sexualidade, loucura, religião. A hipótese formulada pelos professores era a de que, na sala de aula, o psicólogo informaria, orientaria, e responderia aos alunos, liberando assim o professor para exercer sua função de ensino.

Não é difícil perceber, nesse apelo, o pedido de uma suplência capaz de dissolver e resolver, num só golpe, as *dificuldades* atribuídas aos alunos e, ao mesmo tempo, as *dificuldades* dos professores em realizar a tarefa de ensinar. Os dois termos que fazem dobradiça ao laço aluno-professor indicam a especularidade em que a dificuldade comparece: a do professor seria reflexo daquela do aluno, fazendo das duas situações, uma mesma e única *dificuldade*.

130 CRIANÇAS NA PSICANÁLISE

A insistência na presença do psicólogo, que presenciasse e atendesse os alunos na sala de aula, apontava para a posição em que estes eram alocados como algo não passível de representação pela fala dos professores; algo de que os professores se excluíam: da possibilidade de intervenção, da interpretação, do confronto com outros modos de abordagem, enfim, algo imaginado como aquilo com que só um especialista poderia lidar. E só poderia fazê-lo estando diretamente com os adolescentes, vendo e vivendo o que se passava. Entre o que os professores experimentavam nessa convivência, e o que poderia vir a comparecer no discurso dirigido ao psicólogo pelos alunos, havia algo não claramente distinguível. Que apelo era esse? Os professores estariam transmitindo uma urgência dos alunos? Os professores se referiam a sintomas de adolescentes ou situariam os adolescentes como sintomas de um funcionamento escolar?

Foi essa a perspectiva a partir da qual propus à equipe de professores um percurso de discussões sobre a realidade escolar e uma delimitação dessa demanda, com vistas a distinguir e orientar uma direção de trabalho. Tratarei, a seguir, do percurso e das conclusões a que chegamos nesse processo[1], que se estendeu por um ano de encontros sistemáticos com a equipe escolar. Em seus aspectos gerais, as considerações aqui feitas foram debatidas com a equipe, com exceção de alguns momentos que só o distanciamento temporal e a discussão com outros colegas[2] permitiu formular.

1 – Sobre a escola e seus alunos

A escola em pauta é um dos programas do Instituto Educacional São Paulo (IESP), segmento escolar da Divisão de Educação e Reabilitação dos Distúrbios da Comunicação (DERDIC-PUCSP)[3]. Esse progra-

---

[1] Desencadeado no decorrer do ano de 1997 e suspenso após definição conjunta com a equipe em Abril de 1998.

[2] Especialmente Lourdes Andrade Pereira (Tati), Viviane Veras e Sandra P. Souza.

[3] A DERDIC é dividida em duas partes: a clínica e a escola. Três programas escolares **compõem** a escola, cada um com equipe e coordenadores diferentes, sob uma direção comum: pré-escola; primeiro grau e PGll. Há ainda, na escola, um programa de encaminhamento profissional.

ma oferece escolaridade de 1ª à 4ª. série a adolescentes surdos que ali ingressam, desde os 10 até os 22 anos. Para além de uma modalidade de atendimento escolar particular, esse programa comporta uma gama de atividades voltadas para a orientação vocacional, pré-profissionalização e profissionalização, a partir de cursos, estágios, oficinas pedagógicas e visitas monitoradas. A população de alunos apresenta um histórico de fracassos na inserção familiar, social e escolar, em conseqüência de determinações que se acrescem à deficiência auditiva. Da singularidade em que tais contingências comparecem em cada caso, podem ser distinguidas:

- a ausência de oportunidades escolares *(quando oriundos de regiões geográficas que não contavam com escolas para surdos)*;
- a inadequação das escolas freqüentadas *(algumas vezes, os diagnósticos tardios da surdez implicaram a freqüência a escolas não habilitadas para surdos; em outros casos, apesar de os alunos terem freqüentado escolas habilitadas para a educação de surdos, estas não propiciaram a adaptação desses alunos)*;
- os constrangimentos de ordem econômica e cultural dos seus responsáveis *(dificuldade no acesso a serviços)* que muitas vezes estão acrescidos a suas dificuldades psíquicas para lidar com a surdez *(é sistemática a ocorrência de uma lesão imaginária nos pais, diante da suposição de insuficiência da criança. Nessa condição, a surdez – diagnosticada ou não – é assimilada pelos pais como equivalência à debilidade ou à morbidade)*;

1.1. O método escolar:

Os fatores reconhecidos como determinantes do fracasso escolar dos adolescentes surdos conduzem a equipe de professores da escola a buscar a inserção social desses alunos por via de uma modalidade específica de escolarização. Tal modalidade abarca tanto os aspectos propriamente escolares *(domínio da leitura e escrita e dos conteúdos próprios ao primeiro grau de escolaridade)* quanto de cultura geral e iniciação profissional *(através da exposição dos alunos a uma gama de experiências concernentes ao campo de trabalho)*, posto que esses adolescentes estão submetidos à urgência de uma autonomia econômica. Partindo dos limites e das possibilidades que a experiência cotidiana desvenda, e movida por essa urgência de autonomia, a equipe da escola lança-se, num esforço sistemático, na invenção e reconstrução de métodos educacionais que contemplem as especificidades dos alunos.

Circulando em torno dos meios de mobilizar os adolescentes para as tarefas escolares, muitas interrogações se impõem. Nesse confronto com a situação de aprendizagem, a posição subjetiva dos alunos incide sobre o método, tornando mais complexa sua construção e, portanto, forçando a escola a uma série de reformulações. Entretanto, como veremos a seguir, apenas a <u>incidência efetiva de uma língua sobre os alunos</u> permitiu os primeiros balizamentos de uma via passível de ser percorrida com algum sucesso.

Como se pode ler num artigo escrito pela equipe[4], muitos foram os percursos até que chegassem a atingir uma condição de reflexão que constatasse a necessidade de os alunos terem acesso a *uma língua* propriamente dita. Várias etapas podem ser demarcadas. Até 1986, a escola supunha que o problema dos adolescentes era de comunicação, e que, portanto, bastaria <<*falar pausadamente, de frente para o aluno, sem gesticular muito e articulando caprichosamente*>>. A equipe constatou, entretanto, que o problema era mais complexo. Esses adolescentes, na verdade, não contavam com uma exposição anterior ao funcionamento de uma linguagem oral efetivamente articulada. Foi o que precipitou, no início de 1987, o uso da abordagem bi-modal, <<*através da utilização de sinais da Língua Brasileira de Sinais, obedecendo à sintaxe do português, com marcadores de tempo, elementos de ligação, etc, que permitissem "falar" as coisas da forma como eram escritas.*>> Desse modo, através do contato efetivo com <<*uma língua o mais completa possível*>>, os alunos poderiam, enfim, dominar a escrita. Mas, se a língua sinalizada permitia que os alunos entendessem os professores, algumas interrogações insistiam. Segundo os professores, a comunicação fluía muito mais quando os alunos estavam em situações informais, casos em que eles não sinalizavam os marcadores propostos para fazer eqüivaler a gramática gestual à língua escrita. Em algumas ocasiões, os alunos usavam o portu-

---

[4] A. Kuhnem; E.Sena; M.C.Bastos; M.C.Yoshioka; M.-J. Mendonça; N.Chacur; R. Teixeira: - *Alfabetização no Programa de atendimento a adolescentes surdos com acentuada defasagem na relação idade-série escolar,* 1996, mimeo.

DA LÍNGUA E DE ADOLESCENTES NUMA ESCOLA DE SURDOS   133

guês escrito sinalizado; em outras, uma ordem própria que diferia daquela usada na escola. Além disso, os surdos da comunidade observaram que a sinalização dos alunos era diferente: eles não "falavam" como os outros surdos.

Foi esse uso "desregrado" que tornou evidente para a equipe que, a despeito de os sinais serem usados para a comunicação, os alunos não tinham, na escola, o acesso a uma língua de sinais, posto que a sintaxe proposta era a do português: <<*O resultado era língua nenhuma, ainda que houvesse uma comunicação mais ou menos fluente aí estabelecida. Havia uma preocupação dos professores em fazer os alunos estruturarem sintaticamente suas idéias, mas parecia faltar conteúdo sobre o que "falar". Seguindo esse momento, passou-se a outro, onde se privilegiou o conteúdo e onde a forma de expressão assumia um lugar secundário.[...] As conversas "rolavam" mais soltas; a fala não era mais tão entrecortada; já era possível discutir uma variedade maior de assuntos, mas não se tratava de Língua de Sinais, disso se tinha certeza[...]. O uso do alfabeto digital, aliado à ampliação do conhecimento de sinais e à variedade de conteúdos, abriu novas perspectivas de trabalho, mas não garantiu aos alunos o domínio de uma língua*>>.

Os profissionais da equipe da escola submeteram-se, então, sistematicamente, a estudos da língua de sinais e ao seu aprendizado. Todavia, apesar da ampliação dos conhecimentos sobre essa língua, o fato mesmo de serem ouvintes constituía uma barreira que dificultava, segundo eles, a "apropriação" da língua de sinais. Além do mais, os próprios alunos tinham contato muito pequeno com comunidades de surdos, o que também restringia o acesso a uma língua de sinais propriamente dita.

A partir de 1995, um adulto surdo passou a atuar sistematicamente na escola e, a partir de 1997, sua atuação estendeu-se a todas as classes. Dessa forma, a equipe vem se intrumentalizando efetivamente e tem podido observar um resultado significativo em termos de aquisição de conteúdo e de domínio da língua de sinais, permitindo distingui-la do português: <<*As modificações em relação à comunicação e à abordagem da alfabetização resultaram em modificações que vêm ao encontro de nossos objetivos: melhoria da linguagem, da auto-imagem, do auto-conhecimento, das relações interpessoais e uma ampliação das perspectivas em relação à aprendizagem, tanto por parte dos alunos quanto dos pro-*

134 CRIANÇAS NA PSICANÁLISE

fessores. Os professores mudam a representação que têm dos alunos e, conseqüentemente, sua postura frente a estes. Os alunos estão aptos a lidar com uma gama maior de informações e, embora com dificuldades, participam ativamente do processo.>>[5] (grifos meus)

A descrição desse processo evidencia que, a despeito da preocupação de se orientar o trabalho escolar em direção ao uso de uma língua, a distinção entre entre *"expressão"* e *"conteúdo"* convoca discussão. O que permitiria distinguir uma *modalidade de expressão* de um *conteúdo*? Afinal, se esses surdos não circulam no funcionamento da língua portuguesa, como os conteúdos são ensinados? Ora, antes de haver língua, não há possibilidade de circulação de conceitos. Se língua comum não havia, o que distinguia o *conteúdo* (que se visava transmitir) da *expressão* (que não o veicularia), não era senão uma relação de semelhança/dessemelhança que teria sido buscada entre o português e essa "coisa" híbrida que os professores construíram para imitar o português escrito. Cabe lembrar que o reino do UM, estabelecido pelas intuições arbitradas pelo regime imaginário, é dimensão insuficiente para submeter a uma mesma lei toda a comunidade escolar. Se existe possibilidade de transmissão, essa é *da* língua e *na* língua em que professores e alunos circulam. A transmissão é simbólica, portanto, está absolutamente subordinada ao que a língua põe em funcionamento. Assim, o código criado para funcionar como instrumento de comunicação, acabaria por manter a dificuldade dos alunos em relação à inscrição no laço social, restringindo-os à poderosa lei do semelhante, lei encarnada unívoca e impositiva, em que eles só podem se alocar como objetos de sua incidência. Não é por acaso que só a inclusão de um surdo adulto opera como possibilidade de acesso à língua de sinais, na medida em que ele pode representar a função da lei, sem, entretanto, encarná-la.

---

[5] A. Kuhnem; E.Sena; L.Paschoa;M.C.Bastos; M.-J. Mendonça; N.Chacur; R. Teixeira e R. Nakasato – *Surdos adolescentes e analfabetos – uma proposta alternativa de educação*, trabalho apresentado em Portugal, mimeo.

1.2. Particularidades dos alunos:

A resistência manifesta pelos alunos nas atividades escolares são marcadas em fórmulas do tipo: *"é muito fácil", "já sei", "é muito difícil", "já vi", "é repetição", "é bobo", "é coisa de criança".* Interessa notar que o *já visto* é tido como um *já sabido*, que denuncia e camufla o pressuposto de que é impossível, ou insuportável, ultrapassar o campo das imagens para apreender funcionamentos lógicos.

A equipe de professores observa que a freqüência dos alunos à escola modifica sobremaneira as hipóteses iniciais formuladas na ocasião da matrícula. A disposição e a avidez em aprender, que os alunos evidenciam nos primeiros contatos, transforma-se, no decorrer da experiência escolar, passando a se manifestar por meio de rigidez e de agressividade. A situação psicológica dos adolescentes é distinguida como uma das maiores dificuldades enfrentadas pela equipe.

Por um lado, as modificações dos alunos não são acompanhadas de modificações da rede familiar em que estão inseridos e da qual dependem. Em geral complexa, a situação familiar varia desde o quase abandono até o absoluto protecionismo, ambos impeditivos de uma subjetivação. Assim, a família acaba por trabalhar na contra-mão da proposta desenvolvida pela escola: poucos são os pais que têm condições e disponibilidade para a aprendizagem de sinais, outros sequer suportam a possibilidade de deslocamentos que permitiriam aos adolescentes uma posição subjetiva, ultrapassando a posição de objetos.

Por outro lado, os atos dos alunos também estão alocados como impedimentos ao trabalho pedagógico: é marcante tanto a manifestação recorrente de agressividade desmedida quanto a prevalente fragilidade no estabelecimento de relações com seus pares. Essa situação parece relacionada à dificuldade de interpretação das intenções dos colegas, dos professores ou dos acontecimentos escolares, acrescida de uma interlocução limitada, que não acede à dissipação de equívocos. Nesse caso, os modos de defesa são regrados pela supremacia da impulsividade nas constantes passagens ao ato. Não havendo uma antecipação do efeito desse ato, deixam-se, posteriormente, dominar por esse efeito, sem que possam, entretanto, se responsabilizar pelo mesmo.

Todos esses elementos conduzem à suposição de uma necessidade de análise da situação psíquica desses adolescentes, bem como do efeito dessa experiência escolar, com vistas a balizar a especificidade psíquica produzida nas circunstâncias em que tais elementos estruturam sua subjetivação e os efeitos de sua inserção numa escola.

Apesar de absolutamente enigmática, a situação desses adolescentes permite a formulação de hipóteses iniciais a partir de algumas constatações:

1 - Os adolescentes se distinguem pelo traço de fracasso em sua inserção escolar, o que muitas vezes sublinha, como repetição, a própria experiência de inscrição social desde os primeiros laços familiares. É o que permite situá-los numa posição de exclusão que é dada a ver em diferentes níveis, mas que implicam, no mínimo, a precariedade para o exercício da cidadania. Tal situação ocorre na esteira de uma rede de contingências que, na maioria das vezes, considera a deficiência auditiva como limite cognitivo. Enfim, seus fracassos estão sobredeterminados, não pela surdez, mas pelos efeitos da surdez na relação com a alteridade que com ela se confronta, através daqueles que lhe servem de suporte: pais, professores, profissionais, etc. O princípio da insuficiência, que norteia as relações do surdo com os agentes sociais mais imediatos, pais e familiares, é identificado na própria oferta de serviços de atendimento. A carência, a iatrogenia ou incompetência tornam-se traços comuns a esses serviços oferecidos pelos aparelhos sociais responsáveis pelo atendimento do surdo e de seus familiares.

2 - Na persistente impressão de transtorno nas tentativas de interlocução entre os profissionais e os alunos, e entre os próprios alunos, convivem importantes paradoxos:
- as regras da escola são desconsideradas pelos alunos, que parecem não se constrangerem quando confrontados com as mesmas, apesar de terem sido estabelecidas previamente e com eles. Tratar-se-ia de uma transgressão ou de um desentendimento?;
- a tomada <<*ao pé da letra*>> de algumas regras, sejam relativas a comportamentos ou relativas a conteúdos escolares, torna tais regras não passíveis de generalização (em outras circunstâncias em que poderiam ser aplicadas), muitas vezes numa rigidez que beira a estereotipia.

Entretanto, os alunos desmontam tal afirmação, ao surpreenderem pela sutileza com que podem pôr em jogo uma resposta. Duas séries de exemplos evidenciam tanto os *insights* (2 e 5) quanto a não compreensão dos alunos (1, 3 e 4).

- 1 - A professora informa que o convite para uma festa é extensivo à família. Cada aluno pergunta: *"Pode trazer a tia?"*, ela responde: *"Sim". "Pode trazer o meu amigo?"*, ela responde: *"Sim"*. A situação se repete várias vezes e ela diz: *"vocês podem trazer quem vocês quiserem, pais, irmãos, amigos, vizinhos, papagaio, cachorro, todo mundo".* Conseqüência: um aluno trouxe um cachorro para a festa.

- 2 - Um professor diz aos alunos para repetirem algo, usando a expressão: *"Vamos fazer de novo"*. Os alunos fazem algo novo de fato, ou seja, não repetem a expressão.

- 3 - Um aluno joga futebol na defesa, sabe que é um jogador da defesa no time de futebol, sabe que sua função é a de tirar a bola do outro, mas (aparentemente?) não compreende que sua função é a de defender seu time do ataque do time adversário.

- 4 - Os alunos acatam a instrução de tirar a camisa para jogar, mas não concluem que isso é um modo de diferenciar os times em campo. Executam a solicitação alienadamente, em consideração ao laço com o professor, mas não podem supor a lógica que a preside.

- 5 - Um aluno está com os pés sobre a mesa. A professora o repreende: *"tire as patas da mesa!".* Ele pergunta: *"As patas?"* Ela diz: *"Sim"*. Ele responde: *"Eu tiro, mamãe".* Esse episódio permite à professora formular a hipótese de o aluno ter feito um chiste, já que a coloca, por alusão, na função daquela que realiza a interdição educativa atribuída à mãe, ao mesmo tempo em que lhe devolve o insulto, dizendo-lhe sutilmente que também ela tem patas, uma vez que a chama de mamãe.

Estas observações dos professores orientam as interrogações: será que os alunos não apreendem o pleno funcionamento da língua? Ou será que o que fazem é, de fato, perturbar o senso comum sobre o que é uma língua, suposta como uma nomenclatura de objetos do mundo que lhe pré-existe? Ou seja, há um problema de compreensão defeituosa do aluno (e, de fato, é o que parece haver em alguns casos) ou ele apreende o funcionamento com um tal vigor que surpreende a transparência suposta à língua?

Não são de fato os alunos que não apreendem o funcionamento do código proposto – eles apreendem muito bem, tão bem que podem mostrar aos professores que a "língua" inventada por eles só funciona mesmo assim: tirar a camisa é só tirar a camisa, tirar a bola do outro é só tirar a bola do outro, tudo em um circuito fechado, no qual qualquer tentativa de intervenção vai provocar justamente um "curto circuito".

O choque produzido pelo curto circuito pode se dar de modos extremos: 1. o professor julga que o aluno tomou a expressão ao pé da letra (e não é capaz de considerar variações contextuais – o que reduz o problema a uma questão de falta de competência pragmática (que revelaria uma falta de competência lógica) quando, na verdade, é a tal da língua que, não sendo língua, não funciona de modo a permitir que o falante/ouvinte antecipe sentidos e que cada elemento acrescentado retroaja sobre eles modificando-os; cada expressão já está fechada em significante/significado (é signo) – assim, não haveria deslizamento metonímico nem ultrapassamento metafórico; 2. O professor julga que o aluno fez um chiste – ou seja, tomou a expressão ao pé da letra mas, dessa vez, devolveu-lhe o signo petrificado que a atingiu como um chiste (ou como um lapso? Ou terá sido simplesmente um insulto?...) Sobre o poder dessa suposição da professora, a questão é: terá sido um chiste para o aluno? Ele riu? Aliás, ela riu? A classe riu? Parece que o fato de o professor estar numa língua vai levá-lo seja a supor que o aluno entende tudo ao pé da letra e é incapaz de se deslocar, seja que ele desliza sem parar, permitindo inúmeras interpretações... o professor ficaria entre esses dois efeitos – tudo determinado ou tudo indeterminado – tudo já está dito (pedra parada) ou o que é dito pode ser tudo (pedra ladeira abaixo). No exemplo da festa, os alunos ficam perguntando: pode trazer x, y, z... não permitindo que a professora feche sua fala, fazendo-a rolar, "psicotizando-a"... ela sofre na pele a lei louca das frases incompletas, e reage preenchendo a "frase-sem-fim" com tudo que lhe vem à cabeça (cabeça que, aliás, ela perde). No caso do "chiste", ela "quer ser" irônica e o aluno não deixa, não deixa rolar, paralisa... Mesmo pensando tudo isso, penso que a tal margem de dúvida se mantém – é impossível decidir se eles fazem isso "de propósito ou não". Será que se pode dizer que tal situação levaria a fazer comparecer, para os professores, esse Outro "persecutório", já que eles não são capazes de mediá-lo?

3 - A interpretação que cada um faz do outro (seja a que o professor faz a propósito do que o aluno manifesta; seja a interpretação que o professor supõe que o aluno faz sobre o que ele (professor) diz; seja a que o professor supõe que um aluno faz de um outro) mantém sempre uma grande margem de dúvida, num risco de produção de equívocos mais próxima de uma deriva imaginária sem contenção do que de uma interpretação metafórica propriamente dita. Assim, um aluno que se sente atraiçoado por outro e mostra, com gestos, que vai matá-lo, sustenta a dúvida entre um gesto metafórico e uma intenção exeqüível. A conseqüência de uma relação desse tipo, geralmente termo-a-termo, ou seja, um significante para um signficado, um gesto para cada coisa, longe de garantir as certezas supostas a uma língua "o mais completa possível", deixa sempre uma margem de dúvida: a manifestação de um aluno é mero desafio a um limite antes imposto? É conseqüência do limite imposto pela própria relação termo-a-termo? Trata-se de uma mensagem não decifrada?

Vamos examinar a questão a partir de um exemplo. Esse é o caso de um aluno que diz: *"meu coração é sujo. Tem pecado"*. Até então, esse aluno acalentava o sonho de completar dezoito anos *"para ir a um Motel, ver a revista Play-boy"*etc., e, agora, já com essa idade, está desesperado porque supõe que é pecado: freqüenta a Igreja Batista e está sob a influência de um colega que censura suas práticas definindo-as como *"pecado, coisa do demônio"*. Ele pergunta, então, à professora: *"você acha que ele tá errado?"*Diante da resposta da professora: *"Não é que ele esteja errado. Eu penso diferente dele",* o aluno conclui: *"Então você não gosta dele!"*.

Numa outra situação, outro aluno teve atitudes muito agressivas com colegas, justificando-se com o argumento: *"meu olho está preto, sou do mal, sou Satanás"*. Por esse motivo, foi suspenso das aulas. No seu retorno, numa consulta de rotina ao otorrino, não admitiu submeter-se ao exame de seu ouvido agredindo o médico e dizendo: *"o médico vai me matar com esse aparelho"*. Obrigado a pedir desculpas, ele não o fez,

140   CRIANÇAS NA PSICANÁLISE

manifestando-se, segundo os professores, *"como se estivesse num surto psicótico"*. Entretanto, ao mesmo tempo, outras ações e perguntas que fez permitiram, aos mesmos professores, formular a hipótese de que, na verdade, ele tinha domínio da situação, pois teria encontrado, com tal atitude, um motivo para conseguir ser expulso da escola e, portanto, a justificativa para separar-se do pai e retornar a sua cidade natal, onde sua mãe reside.

4 – A escrita dos alunos também é problemática. Se são capazes de copiar textos e desenhos com grande destreza, o mesmo não se verifica na escrita espontânea ou solicitada.

Os professores queixam-se de ficarem sem saber quais parâmetros usar para corrigir os alunos e precisam interpretar o que os alunos poderiam estar querendo escrever, de tal forma que acabam produzindo uma *grande interpretação, que transforma o escrito do aluno em um texto do professor*. Por esse motivo, optaram por abandonar a solicitação da produção escrita ao aluno, posto que ela não é apresentável, a qualquer leitor, como tal.

Atualmente, o adulto surdo vem fazendo um trabalho, com os alunos, sobre os Contos de Fada narrados na língua de sinais. Os benefícios da perspectiva da narrativa podem ser notados pelos professores, já que os alunos começam a escrever e a descrever, mas as dificuldades ainda persistem, pois, segundo os professores, *os alunos escrevem, têm mesmo convicção de terem escrito, mas não se sabe o que teriam querido escrever. Não se pode ler, em língua portuguesa, o que eles escrevem*. Esse enunciado dos professores é bem estranho. Que escrita é essa que não tem leitura? Será que estão escrevendo numa língua "estrangeira" para falantes de português ou não estão escrevendo afinal em língua nenhuma?Será que o adulto surdo é capaz de ler o que eles escrevem?

2 – Os limites do gesto e a língua de sinais:

Em tais situações, persiste na escola uma indecidibilidade entre o limite do funcionamento dos adolescentes, na condição de sujeitos a uma língua, sua responsabilidade sobre o que transmitem e a mensagem que compreendem. As interrogações insistem. É possível afirmar que a linguagem em que eles circulam é da ordem própria à língua de sinais ou se está circunscrita à linguagem gestual, já que produzem no outro o efeito de um intenso deslizamento metonímico, um amarramento, uma paralisia, etc.? Isto porque tais sinais, uma vez que implicam uma grande movimentação corporal, submetem ouvintes e surdos que tentam lê-los a uma forte impregnação imaginária, atribuindo ao sinal não um estatuto de significante mas uma função de imagem sígnica, sobre a qual podem se produzir todos os sentidos, quando não se está, efetivamente, submetido à língua de sinais. Afinal, o que regula o sentido não é a língua nem o texto, mas o filtro do leitor que os decifra. Interroga-se ainda se os incômodos que a situação de interação com esses adolescentes são especificidades de sua inclusão e de seu funcionamento na linguagem, ou se apenas apresentam, a céu aberto, aquilo mesmo que está em jogo em qualquer situação de comunicação: a impossibilidade da compreensão, camuflada pelo uso coletivo das mesmas unidades lingüísticas; uso que não está mais garantido quando o ouvinte está submetido ao movimento gestual de um surdo que supostamente não tem domínio da língua de sinais.

Enfim, restam interrogações relativas à eficácia comunicativa do meio lingüístico em que a comunidade da escola estabelece suas interações. A linguagem com sinais, que cada aluno traz, é muito carregada de privacidade, já que é constituída em meios distintos, por vezes exclusivamente familiares, não caracterizáveis como língua, ou talvez não legitimada, pelos ouvintes, como tal. Tal linguagem é composta de um número muito restrito de gestos, usados geralmente nas mesmas situações e produzem séries limitadas, nem sempre partilháveis fora do meio familiar, e que, em geral, a equipe da escola não chega sequer a conhecer. Efetivamente, constatam os professores, não chegam à escola alunos que falam uma língua de sinais. Eles fazem gestos domésticos, reconhecíveis apenas em seu meio familiar imediato, de número extremamente limitado, com o estatuto de algo como uma pequena rede de signos (porque são gestos que representam alguma coisa para alguém ou para alguns familiares), e que não têm, na comunidade de surdos, vigência de significantes.

Após um período de experiência escolar, os adolescentes solicitam ao professor que traduza aquilo que seus pais estão falando, já que, nos encontros do aluno com os pais e com o professor, o aluno é excluído da situação dialógica pelos próprios pais, uma vez que estes só fazem uso da fala oralizada. Da mesma maneira, muitas vezes os professores tornam-se intermediários entre o aluno e os pais, que solicitam ao professor a explicação do *significado* de gestos que o filho introduziu nos diálogos com eles em casa, e de que lhes escapa completamente o sentido. Assim, muitas vezes, a inserção do aluno na escola tem um desdobramento complexo na relação familiar. A relação intra-familiar anteriormente estabelecida torna-se insuficiente para o filho, que passa a desconsiderar os pais como interlocutores, já que eles querem falar mais do que seus pais podem entender. Essa situação acaba, muitas vezes, pondo em questão a própria posição dos pais na hierarquia familiar, produzindo o endereçamento dos alunos à escola como lugar de acolhimento, em suprimento às insuficiências dos pais.

Sem partilhar uma língua, a posição dos pais diante do filho dificilmente mantém a mesma correlação anterior, fazendo incidir uma nova defasagem no laço familiar. Cabe aqui retomar o que já foi anteriormente apontado quanto à fragilidade do laço familiar que é, muitas vezes, encontrada nos alunos. Tal fragilidade reincide no aprendizado da língua de sinais pelos familiares, em que se observa a desmobilização destes para o comparecimento a reuniões promovidas pela escola, relativas ao aprendizado da língua. Em geral, os pais queixam-se: da falta de tempo para participarem dessas atividades; da dificuldade em aprender uma nova língua; ou de aprender, na escola, uma língua (uma vez que muitos são analfabetos ou não tiveram experiência de escolarização sistemática); da falta da habilidade motora que a tarefa exige; e, ainda (para aqueles que afinal se submetem à língua de sinais), da impossibilidade de entender sinais quando são feitos por seus filhos, não só porque diferem daqueles que aprenderam, mas também por não acompanharem a rapidez com que seus filhos articulam os sinais.

Não se pode deixar de lembrar aqui as dificuldades que se seguem ao diagnóstico de surdez de uma criança. Além da necessidade de superar o sofrimento de ter um filho em que falta a audição, não é incomum observar a resistência de alguns pais para com o uso da língua de sinais na educação de filhos surdos. Afinal, o uso da língua de sinais denuncia de imediato a surdez, tomada por muitos pais como defeito passível de ser escondido. Como conseqüência, os pais escolhem e insistem em métodos oralistas, mesmo quando a surdez é completa. Pode-se supor, ainda, um outro fator que mobiliza tal resistência: trata-se do temor de que a língua de sinais funcione como interceptadora do vínculo entre eles. Quanto a essa hipótese, pode-se ainda supor a dificuldade dos pais em se confrontarem, efetivamente, não apenas com a condição "deficiente" de seu filho, mas também com a exigência que a surdez do filho lhes impõe: submeterem-se a aprender, com um especialista, a língua na qual vão exercer suas respectivas funções parentais, exigência que implica, por si mesma, uma intermediação do vínculo privado entre pais e filho. Cabe lembrar, ainda, que alguns estudiosos da língua de sinais chegaram a propor a retirada da criança de sua família e a colocação da mesma em comunidades de surdos, com o objetivo de assim garantir seu pleno acesso à língua de sinais. Essas indicações corroboram a hipótese de que a inserção da língua de sinais na relação entre pais e filhos não é tarefa facilmente abordável.

Por outro lado, como já referido, a língua de sinais que se tenta tomar como língua oficial da escola não é língua materna dos professores, já que todos são ouvintes brasileiros. Enfim, ensina-se a leitura e a escrita da língua portuguesa através da língua de sinais que está sendo adquirida pelos professores e pelos alunos ao mesmo tempo. O contato dos professores com os alunos é estabelecido por meio do que se pode chamar provisoriamente de método ainda *bi-modal*: a língua de sinais, que nem professores nem alunos ainda dominam, é meio de transmissão da leitura/escrita do português.

Entre o limite dos gestos e a língua de sinais é o método quem coloca questões. É fundamental que se reconheça que, no caso dessa escola, não se trata da aplicação de um modelo ou de um método importado de outra realidade. Afinal, a metodologia está sendo construída ao ser praticada e na medida em que a reflexão sobre os resultados alcançados vai permitindo sistematizações. Observam-se, nesse processo, várias transformações: a língua portuguesa sofre acréscimos e reorganizações em que é aproximada da língua de sinais, como antes ocorreu na relação entre os sinais gramaticalizados em português; opera-se uma maior liberação da gramática da língua portuguesa e um uso mais intuitivo do que se supõe ser a estrutura da língua de sinais. Entretanto, a destreza dos alunos no uso da língua de sinais ultrapassa a dos professores, recriando, mesmo que em proporções distintas, o que acontece na relação entre pais e filhos: uma situação em que os alunos têm maior fluência no uso dos sinais do que seus professores. Tal fluência não significa necessariamente maior fluência nem maior domínio da língua de sinais, já que uma fluência em fazer sinais não assegura o funcionamento do aluno na estrutura de uma língua. Muitas situações de interação entre aluno e professor são negociadas ou resolvidas por meio da digitação letra-a-letra (quando o aluno sabe utilizar o alfabeto digital) ou por via de outros intérpretes (os próprios colegas) convocados para esclarecimento.

Interessa notar que, na situação de interação do adulto surdo que está transmitindo a língua de sinais ao mesmo tempo para alunos e para o professor ouvinte, qualquer explicação dada ao professor ouvinte passa por uma modalidade diferente de materialidade lingüística: há uma diferença nítida entre a língua de sinais que funciona entre surdos e a transmissão dessa mesma língua para a um ouvinte. Diferentemente do ensino da língua de sinais para surdos, pode-se notar, no ensino da língua de sinais para o ouvinte, maior atenção à articulação, maior lentidão na repetição, ampliação de exemplos e maior número de palavras digitadas. Constata-se, assim, que a relação professor-aluno é também atravessada pela diferença de língua. Essa diferença é acentuada quando a ficção de transparência é pressuposta e imediata. Assim, a situação dialógica em jogo na relação escolar conduz à necessidade de sustentar essa ficção, mas, nessa situação, ela mostra limites que exigem considerar sempre a insistência da opacidade entre o que se fala e o que se compreende: em cada ato dos professores está colocada em jogo a interrogação de como dizer melhor o que se quer ensinar ou transmitir, e de como interpretar melhor o que se lê na língua de sinais.

3 – A infância na adolescência e sua suplência

Nessa situação lingüística particular, duas outras incidências têm também uma função que ainda está para ser calculada. Por um lado, os alunos ficam expostos a uma situação social e a um acesso cultural para eles inéditos. Uma imensa carga de informações e experiências permite a circulação bastante ampliada em novos meios e a descoberta de uma capacidade de realização antes impossível. Por outro lado, enquanto ado-

DA LÍNGUA E DE ADOLESCENTES NUMA ESCOLA DE SURDOS   145

lescentes, sofrem importantes modificações nessa passagem da condição infantil para a condição adulta, especialmente nessa nova circunstância, que impõe ainda que passem de uma posição de incapacidade — na impotência duplicada pela anterior exclusão da condição de aprendizes — para a condição de realização em que, embora não os inclua de fato, permite-lhes descortinar um universo.

Podemos considerar que o grande diferencial que lhes é trazido pela escola é o funcionamento da língua a que ficam efetivamente expostos. Se avaliamos que a condição anterior dos alunos era a de restrição a uma linguagem dual, privada, bi-unívoca, caracterizada pela posição de debilidade em que estavam alocados no meio familiar, podemos considerar que, nessa escola, opera-se a possibilidade de se processar a passagem para a língua propriamente dita, submetendo-os não mais às leis dos familiares, em que circulavam numa linguagem sígnica, mas a outras leis – as da língua, cujo funcionamento está regido pelos seus elementos diferenciais e que só adquirem valor no texto em que se inserem. Nessa nova situação, o grande salto que lhes permitirá alocarem-se como falantes é o de poder se suportarem sujeitos à equivocidade que não dá garantias de´ sentido, através da circulação no funcionamento da língua de sinais e do estabelecimento da diferença sintática entre essa língua e a gramática da língua portuguesa.

As dificuldades que os alunos apresentam são dificuldades subjetivas, que não se referem especificamente à condição adolescente, mas ao enfrentamento da adolescência no organismo desses garotos; adolescência a que não corresponde uma condição subjetiva capaz de suportá-la.

Se esses garotos se mantiveram, durante toda sua primeira infância e no período de latência, numa situação de alienação ao semelhante, tendo encontrado uma posição para sua separação apenas na condição de objeto de insuficiência e de dependência, refletiram especularmente o fracasso que sua surdez impunha à alteridade, assumindo-a e incorporando-a. Portanto, eles chegam à escola numa posição de borda entre a debilidade e a psicose, ou seja, com uma séria lacuna na estruturação subjetiva, uma vez que sua inscrição simbólica não foi metaforizada, mas mantida no limite metonímico do efeito de seus primeiros laços, que eles repetiriam. Diante das experiências escolares a que estão expostos, em que podem se reconhecer nos atos que fazem (e são mesmo intimados a se reconhecerem ali), eles se defrontam com uma possibilidade infinitamente maior, mas que não tem, entretanto, o correlato de responsabilidade pelo que fazem. Afinal, é porque uma criança, no fim de sua primeira infância, encontra o limite do irrealizável, na constrição que seu organismo lhe impõe no real, que ela é forçada a postergar seus desejos para o futuro. Nesse encontro do limite, é forçada a submeter-se ao adiamento das realizações através do brincar e da construção de mitos. Assim, constitui sua realidade psíquica e encontra um mecanismo defensivo de economia psíquica, pela referência a uma unidade de medida de sua relação com o Outro que, em psicanálise, se chama metáfora paterna. No caso dos adolescentes dessa escola, o organismo já tem maturação (força física e sexuação) adolescente quando, em termos de constituição subjetiva, apenas teve início seu acesso à condição propriamente simbólica, com a qual ultrapassa a bi-univocidade sígnica e que o aparelha para as experiências propriamente metafóricas.

Assim, em vez do exercício do brincar, em que apreendem a língua na plataforma giratória do significante, eles são, por serem adolescentes, conduzidos ao ato e, ao mesmo tempo, impedidos de realizarem qualquer ato. Este parece ser o caso de uma adolescente que, tomando conhecimento, na escola, do ciclo menstrual e ovulatório, engravida, numa colocação em ato que realiza um desejo num psiquismo infantil que não pode responsabilizar-se por este filho, mas que, entretanto, habita um organismo capaz de realizar o ato sexual. Seria um mero exercício da sexualidade, acrescido de um descuido nos modos de prevenção da gravidez? Ou teria sido o efeito de uma informação dada pela escola e concretizada tal como se pratica, com o corpo, a "língua" de sinais (língua vem aqui entre aspas porque não se trata de uma língua, mas de gestos, que o corpo pode "realizar" os gestos atravessados pelo imaginário, mas não barrados pelo simbólico – ou seja, não vai valer o jogo presença/ausência – em que na ausência está a presença – mas o jogo presença ou ausência – ausência a que o corpo é chamado a responder) que ali se veicula?

Isso nos remete[6] à condição inicial da criança que é, primeiramente, inscrita como objeto do Outro. Nessa perspectiva, ela é um brinque-

---

[6] Reconstruo, nesse parágrafo, algumas elaborações de Bernard Nominé, no Seminário realizado em São Paulo, em julho de 1999.

do erótico para os pais e ela goza dessa posição em que é colocada, mas não detém nenhum saber articulado sobre o gozo nesse lugar em que é posicionada. É o que permite dizer que a sexualidade infantil é polimorfa, ou seja, ela desconhece a finalidade e as modalidades da reprodução sexual. Por sua vez, a sexualidade adulta supõe o encontro com o outro sexo e o saber sobre a procriação. Essa condição de saber sobre o gozo é o que implica o sujeito na responsabilidade por seu ato.

Entre a sexualidade infantil e a sexualidade adulta temos o período de latência, em que a sexualidade infantil é abandonada, esquecida, e o sujeito trabalha sua inclusão no campo do saber. O período de latência é a condição estrutural necessária à separação entre o gozo e o saber, é o tempo para compreender a castração a que todo falante está submetido. Na latência, a criança procura os meios de responder à existência da falta de saber do Outro, descobrindo uma posição em que pode situar um saber em relação à alteridade. Assim, tudo o que a aprendizagem escolar produz num sujeito como desdobramentos lógicos do funcionamento da linguagem leva-o a aparelhar-se para poder deslocar-se de um gozo polimorfo para enlaçar-se no campo social.

É saindo da posição infantil de objeto de gozo que o adolescente poderá construir, com o saber tecido na linguagem, uma defesa contra o risco de perder-se no querer do Outro. Na latência, a criança inventa uma unidade de medida que a aparelha para estabelecer uma modalidade de gozo que lhe seja própria e que sua fantasia veiculará, na tensão que a aliena e a separa do laço social. Entre os intervalos e articulações significantes da fala, que veicula o desejo do Outro, a adolescência de um sujeito é o tempo em que este constitui a versão de sua modalidade singular de enlaçamento ao universo humano. Esse enlaçamento permite a coincidência da alienação que o submete à lei com a separação que lhe permite desejar. O reconhecimento do campo simbólico como condição necessária e, ao mesmo tempo, insuficiente para representá-lo é o que permite ao sujeito adolescente estabelecer as condições de gozo: ele sabe, portanto, está em condições de assumir a responsabilidade pelos seus atos.

A adolescência é um momento de passagem estrutural em que o sujeito olha por trás de seu período de latência para saber do gozo perdido da infância e aparelhar-se para o gozo no encontro com o outro sexo. Olhar por trás da latência permite ao sujeito confrontar-se com a desmontagem da promessa edípica, construindo uma outra versão de sua realização. No caso dos alunos dessa escola, devemos considerar a hipótese de esses jovens terem passado toda a sua latência na posição de objetos, sem acesso a meios para aparelhar-se com um saber, presos ao que o psicanalista Jacques Lacan chamou de *instante de ver*: instante em que vislumbram — mas ainda não têm meios para ler e interpretar — a posição em que são alocados.

Uma vez expostos à língua de sinais, os adolescentes descobrem uma possibilidade de circulação na língua e, portanto, situam e distinguem encontros, desencontros e confrontos antes obscuros. Nesse momento, entretanto, já são "gente grande", e estão acossados pela urgência das pulsões e pela força e tamanho que lhes confere possibilidades de realização. Como não podem mais contar com uma imposição real de limites efetivada pelo corpo, passam a poder *falar com o corpo,* no mesmo momento em que podem *fazer qualquer ato com o corpo,* tornando facilmente eqüivalentes o falar e o fazer, sem a leitura de um desses registros sobre o outro. Nessa situação em que a *latência é postergada à adolescência*, a condição real do organismo produz a urgência de realização do ato, precipitanto o *momento de concluir* que impede a elaboração própria à latência, e suprimindo o *tempo para compreender* a castração.

A introdução desses elementos convoca à releitura da posição em que essa escola se inscreve no discurso. A especularidade com que a dificuldade dos adolescentes é refletida como dificuldades da equipe, numa via de mão única na qual bastaria "resolver" as dificuldades psíquicas dos alunos para dissipar as dificuldades de ensino, parece mostrar que o efeito da condição desses adolescentes incide no próprio funcionamento da escola. A amplitude da suplência a que ela se propõe, e a que convoca o psicólogo, demonstra o voto de suprimento de toda a rede de dificuldades que os alunos, em sua suposta carência, apresentam. Como conseqüência, a equipe acaba suportando e reproduzindo as marcas que os alunos impõem, sem poder, delas, se apropriar. Por isso, mais um especialista precisaria ser agregado à equipe; desta vez, um psicólogo, que pudesse suprir as deficiências psíquicas dos alunos, tal como cada outro especialista da equipe deve suprir carências de uma área determinada.

Para observar o rastro dessas operações de suplência, a particularidade implicada na letra pela qual essa escola se faz reconhecer é bastante sugestiva. O <<PGII>>[7] faz parte de uma série de três elementos, três unidades escolares que compõem, com equipes e alunos distintos, a escola de deficientes auditivos da DERDIC. O modo pelo qual as três unidades são referidas e diferenciadas é a divisão em: Pré-Escola, Primeiro Grau e PGII (oficialmente Pré-Escola, Primeiro Grau, e Escola Fundamental II). PGII é a nomenclatura utilizada para caracterizar o período das séries escolares iniciais do Primeiro Grau, acrescido do índice II, com o qual esse programa se diferencia da Escola de Primeiro Grau, também existente na DERDIC. No cotidiano institucional, o índice II é normalmente apagado e a nova nomenclatura, EFII, também não é utilizada. São as primeiras letras de outra unidade, Primeiro Grau, que escrevem a sigla PG, na qual a unidade se distingue. Marca-se, assim, na sigla, um esvaziamento do nome. Mas esse esvaziamento permite um cúmulo de sentidos a serem desdobrados:

- É um *outro* primeiro grau, distinto do 1º grau oficial-regular pelo fato de os alunos terem uma defasagem na correspondência idade/série escolar;

- Trata-se de uma segunda chance escolar para os que fracassaram na primeira; segunda chance que apresenta os alunos como aqueles que já tiveram, no mínimo, uma primeira tentativa escolar. O índice *dois* pode, ainda, resumir o conjunto de tentativas fracassadas e não apenas as escolares. Mas esse nome também carrega outros índices, que podem ser, a ele, atribuíveis.

- Nessa Unidade, o 1º grau é reduzido às quatro primeiras séries, portanto, PGII é primeiro grau dividido por dois: *PGII = 1º. grau : 2;*

- Por outro lado, cada uma das quatro séries escolares oferecidas é realizada em dois anos, permitindo que a metade do primeiro grau seja duplicada: quatro anos feitos em oito: *½ 1º grau x 2 = PGII;*

---

[7] Há pouco tempo, a Unidade Escolar passou a ser chamada oficialmente de EFII, (Escola Fundamental dois), mas, como veremos, isso não modifica a análise do nome que faremos a seguir.

150   CRIANÇAS NA PSICANÁLISE

- PGII permite também outro traço diferencial: o II marcaria um desdobramento. Não é uma escola restrita ao aprendizado propriamente
escolar, formal, mas enfatiza outra atividade – a formação profissional.
Assim, além das atividades do Primeiro Grau, o II marcaria o acréscimo: *1º Grau (– 4 séries) + profissão = ½ 1º Grau + ½ 2º Grau.*

- Os professores que compunham originalmente a equipe eram egressos
da Escola de Primeiro Grau (a maioria ainda permanece no PG e
outros têm, também, atividades no Primeiro Grau).

A importância desse nome se deve, no limite desta análise, ao fato
de que ele sublinha o traço de exclusão, por meio do achatamento do
tempo de latência existente entre a organização subjetiva da primeira
infância e a adolescência. É o mesmo que dizer que há um tempo vivido
por esses adolescentes, que não conta em sua vida social representada pela
escola, um tempo que deve ser subtraído da conta, já que será reproduzido em condições especiais (*primeiro grau bis*). São crianças, no que diz
respeito à aprendizagem, já que vão aprender o que as crianças da latência
aprendem; mas, a despeito disso, devem ter acesso a uma profissão,
porque sua idade exige: já são adolescentes ou jovens adultos (*dois graus
em um*). As dificuldades são gigantescas, descortinam a constatação de
que a mistura de línguas impossibilita o aprendizado de qualquer das duas
línguas, a despeito dos esforços da equipe nos vários "dialetos" criados.
Para constatar isso, basta realinhar todo o percurso da equipe nas tentativas de construção de um método pedagógico que tentou inventar uma
língua na qual esses sujeitos - ouvintes e surdos – pudessem, ao mesmo
tempo, funcionar: fala pausada e articulação caprichosa da língua portuguesa, sem gestos; sinais na sintaxe da língua portuguesa, acrescidos de
marcadores; privilégio aos conteúdos, deixando a forma em segundo plano; exposição à língua de sinais alterando a sintaxe da língua portuguesa.
Finalmente, um outro passo começa a incomodar os professores: a despeito de serem ouvintes, eles talvez devessem abandonar a fala da língua
portuguesa na escola.

Enfim, evidentemente, não é possível ao psicanalista engajar-se no
projeto social de reparação a que a escola se propõe. Não cabe ao "especialista", a não ser na via filantrópica da promessa supridora, preencher

DA LÍNGUA E DE ADOLESCENTES NUMA ESCOLA DE SURDOS 151

com *conteúdos* o que se passa estruturalmente no período de latência de uma criança qualquer, elaborando, *para ela e por ela*, uma neurose que lhe seja própria e fazendo-a apropriar-se dela. Assumir essa tarefa seria violar a condição desses adolescentes. Só se pode assumir essa tarefa de suplência desconhecendo ativamente os princípios do método psicanalítico e o regime de sua ética.

As conseqüências quanto à psicopatologia que a condição de cidadania impõe a esses adolescentes ainda estão por serem calculadas pelos psicanalistas. Tento dar os passos iniciais, portanto, posso apenas oferecer à equipe as articulações aqui esboçadas e sugerir que considerem a hipótese de tomar esses sujeitos em sua condição real: adolescentes analfabetos que precisam de profissionalização, restringindo a empreitada, para torná-la, enfim, concretizável.

VI
Práticas clínicas e escolares: o Discurso Psicopedagógico[1]

A interrogação que desencadeou esta reflexão foi relativa ao incremento e constituição, nos últimos dez anos, de cursos de psicopedagogia em vários níveis: Graduação, Especialização e Mestrado. Tal oferta de cursos, que difundem e sustentam o discurso psicopedagógico, acompanha uma tendência de muitas instituições que acolhem uma grande demanda de formação, exigindo a reflexão sobre a especificidade e a consistência da especialidade psicopedagógica.

Fazer um estudo capaz de abordar essa questão pode ser considerada tarefa impossível, levando-se em conta que o atual estado nascente da psicopedagogia, enquanto constituição disciplinar, no Brasil, impede ou torna prematura uma abordagem de suas especificidades, posto que hoje existem tantas psicopedagogias quantos psicopedagogos. É o que se afirma ao se dizer que:

> <<a teoria psicopedagógica se faz através de sua práxis, a qual tem como característica maior a diversidade de suas raízes>>[2].

Entretanto, a pontuação de algumas regularidades discursivas, das quais a formulação acima é exemplar (a ênfase na *práxis* e na *diversidade*

---

[1] Este trabalho foi realizado na Universidade Paulista, UNIP, a partir de uma pesquisa ali realizada. Sua versão integral pode ser encontrada na Coleção Caderno de Estudos e Pesquisas – UNIP, ano III, no.1-005/97 com o título: Considerações ao discurso psicopedagógico, um estudo de práticas clínicas e escolares.

[2] Mendes, M. H. - A Práxis Brasileira, seus campos de atuação e sua identidade, *A Práxis Psicopedagógica Brasileira*, Org. Sargo C. e outros, São Paulo ABRAPP, 1994, p.15.

CRIANÇAS NA PSICANÁLISE

de raízes), permite apontar balizas em que se ancora a psicopedagogia e, portanto, considerar a viabilidade de seu estudo. Mais, ainda, o estudo pode ser determinante para profissionais que definem sua *práxis* a partir do código de ética da Associação Brasileira de Psicopedagogia:

> <<*A psicopedagogia tem por definição o trabalho com a aprendizagem, com o conhecimento, sua aquisição, desenvolvimento e distorções. Realiza esse trabalho através de processos e estratégias que levam em conta a individualidade do aprendente. É uma práxis, portanto, comprometida com a melhoria das condições de aprendizagem>>*[3].

A decisão metodológica para este estudo da psicopedagogia foi constituída a partir dessa afirmação da *práxis.* Assim, propuz a alguns psicopedagogos que construíssem relatos individuais de suas práticas específicas dessa esfera (diagnóstica, terapêutica e de intervenção escolar) em que focalizassem sua atuação junto a um sujeito exposto à intervenção psicopedagógica. Esses relatos livres tornaram-se *corpora* que foram submetidos a análises sucessivas.

Numa primeira fase, cada um dos trabalhos foi enfocado quanto aos *modos* como os profissionais se relacionam, como constituem e resolvem os problemas suscitados pelas práticas psicopedagógicas. Diante dessa configuração, diferenciei e analisei os conhecimentos tácitos a que apelavam, situações e modos de atuação que obrigavam à ativação de pressupostos teóricos e as formas de suprimento de hiatos entre tais pressupostos, de modo a evidenciar concepções de aprendizagem e seus conseqüentes modelos de intervenção. Em seguida, operou-se um estudo comparativo entre os diferentes relatos, buscando o levantamento dos fatores comuns e dos elementos diferenciadores das práticas abordadas, configurando as qualidades persistentes das práticas e seus pressupostos sustentadores. Pretendia-se, nesta análise, o estudo do uso de conceitos na prática psicopedagógica, em relação a manutenção, acréscimo ou per-

---

[3] Idem, p.16. O artigo explicita, a partir do código de ética, o trilhamento dos psicopedagogos do *"caminho de Reconhecimento deste fazer psicopedagógico, imbuídos da responsabilidade e seriedade inerentes a ele" (p.17).*

da de suas respectivas consistências fora de suas regiões de origem. Finalmente, analisou-se o modo de articulação da diversidade teórica na busca de especificidades e de opacidades implicadas na psicopedagogia, além de propor novas direções de estudo.

Os autores dos relatos solicitaram a eliminação de referências, dados ou informações que pudessem identificá-los. Esse fato indica a necessidade de um esclarecimento metodológico. A relação com os relatos estudados *diferencia texto* e *autor*. Tal metodologia limitou-se à consideração da materialidade do texto, que congela as variadas condições de possibilidade que determinaram a produção de registros da experiência psicopedagógica, num certo momento e num dado contexto. Portanto, os textos foram tomados no seu caráter estrutural, apontando a *autonomia* que assumem em relação aos seus autores. Foi o que permitiu considerá-los como *produções discursivas exemplares da psicopedagogia*. É ainda o que testemunham outros textos publicados e aqui também referidos, em que alguns traços discursivos são reencontrados.

Na demanda institucional relativa ao estudo do discurso psicopedagógico, inscreveu-se *a posição* da pesquisadora que assumiu a tarefa, marcada pela *escuta* de um comentário, que teve a função de permitir explicitar, em seu efeito de retroação, tal posição. Uma afirmação de que era *"muito difícil escrever sobre a psicopedagogia sem ser psicopedagoga"* configurava a problematização da legitimidade do trabalho. Afinal, a análise de práticas psicopedagógicas era empreendida do exterior de seu campo. Essa fala foi deslocada em seu efeito analítico incidente na pesquisadora e retomada como questão, acabando por ganhar estatuto localizador da posição a partir da qual as práticas psicopedagógicas são lidas, levando em conta a intimação à análise que implicam.

Trata-se, portanto, de explicitar, num primeiro momento, *o que faz do discurso psicopedagógico um campo de interrogação para o psicanalista*. Afinal, a posição de sujeito inconstituído, que qualifica a condição de criança, exige do psicanalista a escuta das polimerizações do discurso social sobre a criança, de modo a poder situar o meio no qual sua subjetivação terá que conquistar inscrição. Na modernidade, a criança tem função social determinada. Sua posição é a de permitir à civilização a sustentação do ideal de seus ancestrais, singularmente modalizado pelo narcisismo parental. Os garantes oficiais da sustentação desse ideal são a pedagogia e a medicina, que, por meio dos cuidados com sua inteligência e sua saúde, podem manter a promessa de realização que a posição de criança determina imaginariamente[4].

A formação discursiva do saber médico-psicológico infantil incide nessa perspectiva desde o final do século XIX. Tal saber não estava ligado à descoberta de uma patologia mental infantil e não foi fruto da construção de um objeto próprio, mas da necessidade de encontrar um alvo capaz de organizar as patologias do adulto, propiciando a inclusão social que deveria ultrapassar os limites da gerência da reclusão. Na perspectiva de responder a como pré-selecionar e como pré-tratar a desadaptação social, a psiquiatria e a educação colocaram-se ao lado da ordem jurídica, de modo que prevenção substituiu punição e a educação substituiu a repressão, permitindo a diluição das estruturas espaciais de coerção de corpos pelo controle das relações[5].

A resistência de alunos à tarefa pedagógica foi sempre produtora de embaraços para a escola. Os incômodos causados foram resolvidos com a recorrência sistemática à retaguarda médica e psicológica, que acabava por determinar uma justificativa para a exclusão do aluno do sistema escolar. A resistência do aluno, longe de causar abalos ao discurso pedagógico, pontuando lacunas denunciadoras da insuficiência desse saber, foi deslocada para a exterioridade do campo, pela via da nomeação de impossibilidades constitucionais desses alunos. Independentemente de serem de ordem orgânica ou psíquica, a desresponsabilização da escola se efetivava na medida em que a resistência à aprendizagem era considerada sinal de doença, portanto, fora da alçada escolar.

Outro discurso, o psicopedagógico, organizou-se disposto a enfrentar os limites dessa tradição escolar. É o que Macedo recorta ao dizer que:

---

[4] Remeto o leitor interessado neste aspecto aos textos: S. Freud (1914), *Introdução ao Narcisismo*(OC, vol.XIV, Buenos Aires, Amorrortu, 1976); P. Ariés, *História social da criança e da família* (Rio de Janeiro, Guanabara, 1981) e (org.) *História da vida privada* (vol.IV, São Paulo, Cia das letras, 1995); P. Bercherie, *Os fundamentos da clínica* (Rio de Janeiro, Jorge Zahar, 1989) e *Genesis de los conceptos freudianos* (Buenos Aires, Paidos, 1988); N. Elias, *O processo civilizador* (Rio de Janeiro,Jorge Zahar, 1994).

[5] Segue-se, neste ponto, o estudo de J. Donzelot: *A Polícia das Famílias*, Rio de Janeiro, Graal, 1980, pp.135-188.

PRÁTICAS CLÍNICAS E ESCOLARES

<<uma nova área não surge por acaso e por capricho de alguns; [...] representa e preenche um vazio construído e determinado pelas outras e que se ela vem para "tirar" ela também vem para "pôr"...>>[6].

Interessa, portanto, ao psicanalista, situar a novidade que o discurso psicopedagógico permite e em que medida tal discurso tem podido superar os impasses causados pela escola. Se, por um lado, a escola pretende promover a possibilidade de garantir à infância a realização do ideal da civilização; por outro lado, condena à exclusão uma grande parcela de crianças que não chegam a conquistar, por lhe serem vedados os acessos ao patrimônio simbólico da humanidade, via escolarização, a condição mesma de reconhecimento diante de seus pares.

Constituída na esteira do fracasso pedagógico, no campo onde a oposição dos aprendizes denuncia o limite das verdades generalizáveis inscritas nos discursos pedagógicos, a psicopedagogia, finalmente, focaliza a singularidade implicada na aprendizagem. Confere, assim, legitimidade àquilo que impõe limite à verdade do mestre e cria o campo de escuta do que estava excluído. Ao levar em conta a *individualidade do aprendente*, a psicopedagogia afasta-se do lugar pedagógico de *ensinar-o-aprendiz,* introduzindo a condição de possibilidade do ensinar: a implicação necessária do *aprender-com-o-aprendiz.* Portanto, o discurso psicopedagógico se organiza, em várias de suas vertentes, afirmando a singularidade subjetiva inscrita no aprender. Tal implicação produziu a necessidade de ultrapassar o *olhar* pedagógico pela consideração de outros discursos disciplinares que pudessem *ler* e tratar determinantes dos obstáculos à aprendizagem. Assim, para poder aprender-com-o-aprendiz, fez-se necessário o acesso a outros campos teóricos.

Enquanto privilegia a singularidade de cada sujeito diante do processo de aprendizagem, a psicopedagogia ganha pertinência a partir de uma prática em que a *situação individual* é absolutamente relevante. A atenção aos efeitos do aprender naquele que aprende é o que permite problematizar e tratar não apenas o próprio aprendiz, mas também o modo de incidência das condições sociais de aprendizagem nesse apren-

---

[6] Macedo, Lino - Prefácio, *Psicopedagogia: contextualização, formação e atualização profissional,* Org. Scoz B.J.L. et al., Porto Alegre, Artes Médicas, 1992.

diz. A importância conferida àquilo que é particular ao aprendiz encontra formulação psicopedagógica na associação de leituras teóricas distintas, por considerar que os modos de aprendizagem não se submetem à previsibilidade plena.

É nessa medida que a psicopedagogia se distancia da pedagogia e reinvindica o lugar de *prática clínica,* mesmo quando se exerce no espaço escolar. A psicopedagogia opera um descentramento do lugar da pedagogia, de mestria do conhecimento, que detém e transmite, para uma posição de submissão do ato de ensinar à especificidade daquele que aprende. Como lembra Figueiredo, clinicar é:

> <<*inclinar-se diante de,* dispor-se a *aprender-com*, mesmo que a meta a médio prazo seja *aprender-sobre.*>>[7]

Reconhecendo que a constituição do campo psicopedagógico é absolutamente tributária da consideração de outras disciplinas, a psicopedagogia propõe-se fundada pela *articulação* de distintos campos conceituais, supondo o encontro de uma *relação de complementariedade.* Trata-se do empreendimento do ideal conciliatório das teorias, tomando a *práxis* como arena de tal junção. A despeito disso, as teorias tomadas geralmente para essa adesão caracterizam-se por serem descontínuas; são suas especificidades que as constituem. Assim, a perspectiva conciliatória pode implicar a obturação das diferenças entre as teorias tomadas de empréstimo, caso não se lhes atribua um regime de *leitura* capaz de *trabalhar conceitos,* como diz Canguilhen, *transformando-os, para que possam esclarecer a realidade da região própria* à psicopedagogia. Qualquer solução que conduza a não situar as teorias a partir de uma referência própria à psicopedagogia implica torná-la inespecífica.

A atenção psicopedagógica à singularidade do que resiste à aprendizagem predita pela teoria interessa profundamente ao psicanalista, cuja ética exige situar não apenas os lugares de hiato que os discursos ocultam, como condição de operar um ato para além da repetição, mas

---

[7] Figueiredo, L. C. - *A Investigação do Aparelho Psíquico* (notas para uma comunicação), PUC-SP, mimeo, 1995.

PRÁTICAS CLÍNICAS E ESCOLARES

também tomar o particular das incidências clínicas como capaz de abalar a ficção de transparência de corolários, intimando referir presença aos resíduos que as formações do inconsciente apresentam ao ideal de domínio articulado da consciência teórica.

O interesse da psicanálise pela psicopedagogia se apresenta na questão: *como o psicopedagogo habita o exercício de sua prática?* Ao mesmo tempo, porém, a posição globalizante conferida às raízes teóricas e inscrita na proposta psicopedagógica aponta necessariamente para um encobrimento operado no próprio trabalho conceitual. As relações entre os campos teóricos postos a serviço da pedagogia e o trabalho de transformação realizado nos instrumentos conceituais alçados de outros campos permitem levantar questões como: *que problematização a psicopedagogia faz vigorar na diferenciação e sustentação de sua produção discursiva?*

Desdobra-se, a partir do levantamento desses pontos, o paradoxo que intima a análise: *se o singular do sujeito que aprende é* descoberto *pelo discurso psicopedagógico enquanto diferença subjetiva que define a especificidade do aprendiz, por que esse mesmo discurso é* encoberto *no esforço de harmonização das diferenças entre os campos teóricos?*

Enfim, ao apresentar uma leitura de um momento local e pontual de práticas psicopedagógicas, tento balizar algumas obscuridades e dou curso à elaboração daquilo que, nas práticas, resiste à coerência de uma formulação e ao domínio teórico instituído. Os incômodos das contradições inerentes à apropriação de saberes e o mal-estar das lacunas na transmissão da experiência clínica têm aqui privilégio, posto que ganharam estatuto de *existentes*. Portanto, o texto aqui apresentado é efeito das intimações forçadas pelo que se passa na relação entre sujeitos com o aprender, o que implica o confronto entre os sujeitos afetados pela dificuldade de aprender e as imprecisões e lacunas do que é pressuposto sobre o que seja uma transmissão de saber. Em outras palavras, este escrito encontra-se interrogado pelas especificidades dos sujeitos, pelos enigmas que se fazem presentes naquilo que pode ser encoberto e contido pela compreensão.

1 – Das modalizações da psicopedagogia: lugares do sujeito, da aprendizagem e da psicopedagogia

Três termos insistentemente referidos nos relatos psicopedagógicos foram privilegiados para a análise, uma vez que são evocados como conceitos transparentes e fundantes da psicopedagogia. Nas modalizações das práticas relatadas, a trama conceitual implícita na qual os termos *sujeito, aprendizagem* e *psicopedagogia* comparecem é revelada. Pontuando os termos nos relatos, foi possível estabelecer uma espécie de lista de suas características, distinguindo aquilo que preservam em comum, bem como o que os diferencia.

O recurso à *psicologia genética* é eixo articulador de perspectivas que a prática psicopedagógica assume. Ela se encontra associada à visão organicista, behaviorista ou à perspectiva funcionalista da linguagem — nas práticas psicopedagógicas situadas no interior da escola — e especialmente articulada à teoria psicanalítica — nas práticas propriamente clínicas (diagnóstica e terapêutica). A necessidade de associação da psicologia genética a outras teorias, nas práticas psicopedagógicas, parece relacionada à especificidade de seus sujeitos-alvo, evidenciando a impossibilidade de essa perspectiva isoladamente contemplar as singularidades de sujeitos diante do aprender, as situações em que a patologia orgânica está suposta, ou ainda quando os sujeitos são expostos a experiências e idades díspares, concentrados numa mesma sala de aula. Entretanto, é na psicologia genética que o psicopedagogo encontra a referência principal para situar o momento evolutivo dos sujeitos atendidos. Evidencia-se, nessa abordagem, o privilégio à concepção de desenvolvimento por estágios cognitivos, em níveis de complexidade crescente, mensuráveis por meio das chamadas *provas piagetianas.*

O modo de articulação de teorias encontrou modulações variadas, que definem a diferença entre os modelos de aproximação à dificuldade de aprendizagem, mas, entre eles, dois pivôs tornam-se privilegiados como lugares para a discussão dessa associação de teorias que alimentam a prática psicopedagógica: a relação causalidade/terapêutica dos problemas de aprendizagem e a posição assumida pelo psicopedagogo.

1.1 - Causalidade e tratamento das dificuldades de aprendizagem:

Três modelos causais prevalentes nas dificuldades de aprendizagem estão pressupostos nas abordagens psicopedagógicas, implicando a determinação da escolha terapêutica. Tais modelos nem sempre aparecem isolados e conjugam-se ao modo de compreensão do caso.

No *primeiro modelo*, apesar de indefinida, a causalidade *organicamente* determinada é eixo a partir do qual a prática psicopedagógica é desencadeada. Nesse caso, a partir o diagnóstico que define o momento evolutivo da criança, o tratamento busca promover a adequação da estimulação para viabilizar a plasticidade orgânica. A qualidade da estimulação implica não apenas o objeto de conhecimento, mas também a qualidade da relação entre o psicopedagogo (mediador) e a criança.

Um *segundo modelo* aborda a causalidade dos problemas de aprendizagem a partir da determinação dada pela *escola fracassada* em sua perspectiva padronizadora. Por um lado, volta-se especialmente para a articulação entre a psicologia genética e outras vertentes teóricas, com vistas a construir um método de ensino que tenha um caráter didático. Trata-se, portanto, de conferir importância ao *aprendiz*, pela sua singularidade enquanto *indivíduo* a ser submetido à pedagogia no âmbito escolar, ou seja, suas condições cognitivas e sociais determinam a possibilidade de intervenção, independentemente de sua posição subjetiva.

No *terceiro modelo*, que localiza práticas clínicas, é a determinação dada pela *posição da criança no discurso dos pais* que se apresenta como causa principal da dificuldade de aprendizagem. Ao mesmo tempo, a incidência do valor conferido à determinação orgânica pode ser, em cada uma das práticas, absolutamente divergente. Por exemplo, estabelecendo relação de causalidade direta entre fragilidade orgânica e escolha do sintoma de aprendizagem, legitimando a medicação como modo de abordar a ansiedade do sujeito. Pode, ainda, limitar-se a apontar um histórico de tal determinação no discurso dos pais, a serviço da fantasia parental de uma organicidade incidindo sobre a aprendizagem, sem contudo atribuir qualquer lugar ao aspecto orgânico, seja no diagnóstico ou na proposição terapêutica. Nas clínicas, o valor conferido à investigação multivariada da causalidade do sintoma é bastante diferenciado, mas é a análise do lugar da criança no discurso familiar que a sobredetermina.

Nesse caso em que a situação cognitiva da criança é explicada pela associação da performance cognitiva ao discurso parental, o trabalho psicopedagógico caminha em direções paralelas. *Analiticamente*, através do reconhecimento da posição da criança no discurso dos pais (que indica a posição da própria criança em relação à aprendizagem), a ser tratada na escuta da criança, que permite o assinalamento de repetições transferenciais. *Pedagogicamente*, através do recurso à psicologia genética, que permite detectar seu modo de funcionamento num estágio evolutivo a partir do qual a criança é exposta a níveis operativos mais amplos e mais complexos. Depreende-se daí que, nesse modelo, a especificidade da psicopedagogia não se encontra a partir de uma definição de objeto próprio, mas procede pela associação de fragmentos de diferentes regiões teóricas.

Apesar de se darem de modo distinto, as psicopedagogias aqui apresentadas, independentemente de serem relativas a práticas coletivas ou individuais, ressaltam a importância da singularidade de cada sujeito diante da aprendizagem, sem entretanto abandonar a consideração partilhada quanto à vigência dos parâmetros evolutivos da psicologia genética, na *classificação* de cada sujeito quanto a seu processo cognitivo.

A concepção de *intervenção (terapêutica ou escolar)* do psicopedagogo é distinta, nos três modelos. Assim, diante do quadro oferecido pela psicologia cognitiva, que situa o momento evolutivo da criança, a intervenção psicopedagógica toma caráter de mediadora da apresentação dos estímulos adequados à situação cognitiva individual, ao mesmo tempo que confere reconhecimento à produção da criança.

No *primeiro modelo*, calcado na perspectiva organicista, projeta-se um psicopedagogo que passa a compor o campo mesmo da estimulação, estando portanto implicado na terapêutica, para além do aspecto mecânico de uma técnica behaviorista. A especificidade do modo como tal implicação é exercida, fica, no entanto, não explicitada.

No *segundo modelo*, a intervenção do psicopedagogo é didática: o ensino das normas é substituído pelo que o precede - a experiência. Trata-se de expor o sujeito ao funcionamento, permitindo-lhe que dele se aproprie.

No *terceiro modelo*, o psicopedagogo assume uma posição de atenção, de escuta e de assinalamento de repetições e, paralelamente, trabalha

PRÁTICAS CLÍNICAS E ESCOLARES 163

cognitivamente o "sintoma" da criança. Ai também, o modo de exercício psicopedagógico não é explicitado, posto que a função clínica limita-se a apontar que "trabalha-se a criança".

1.2. A avaliação psicopedagógica

O terceiro modelo será escolhido para uma abordagem mais detalhada, uma vez que permite apontar nódulos que se fazem presentes, com maior ou menor intensidade, na medida em que qualquer intervenção psicopedagógica implica uma aproximação avaliativa do problema que se quer dissolver.

Nos relatos que tratam a especificidade da clínica diagnóstica ou terapêutica da psicopedagogia, a constituição do problema que se torna objeto da intervenção psicopedagógica oferece a indicação de ser tributário de uma concepção psicopedagógica bastante difundida no Brasil, desenvolvida na Argentina por A. Fernándes[8]. Em linhas gerais, nessa perspectiva, *"a origem do sintoma de aprendizagem não se encontra na estrutura individual"*. Trata-se de um *"sintoma"* que *"se ancora em uma rede particular de vínculos familiares que se entrecruzam com uma também particular estrutura individual"*, em que, *"a criança suporta a dificuldade, porém, necessária e dialeticamente, os outros lhe dão sentido"*. Portanto, o psicopedagogo constitui seu objeto ao buscar acessar a lógica da formação e constituição do problema de aprendizagem, através do olhar e da escuta da criança e daqueles que estão diretamente vinculados a ela. O *meio* usado para acessar tal lógica é a interrogação, nas diversas falas, dos seguintes fatores: qual a queixa dos pais e da criança; qual é a história da relação da criança e dos outros com a queixa apresentada (como a queixa foi abordada até então, a que tratamentos a criança já foi submetida e que efeitos tais intervenções ocasionaram); como essa queixa repercute nos pais, na criança e na escola (a que tal queixa remete os pais em suas histórias pessoais e em suas intervenções junto à criança). Dando prosseguimento a essa primeira configuração do problema de aprendizagem, o psicopedagogo intervém, junto à criança, na perspectiva de

---

[8] Fernándes, A. - *A Inteligência Aprisionada*, Porto Alegre, Artes Médicas, 1990.

"elucidar a originalidade do fracasso escolar" e a *"funcionalidade do não aprender"* para a criança e para a família. Para tanto, procede a uma série de avaliações projetivas e cognitivas, que permitem abordar o problema numa diversidade de ângulos e assim qualificar a especificidade do sintoma, no seu modo de funcionamento e em suas interfaces com *"o organismo individualmente herdado", "a inteligência autoconstruída interacionalmente", "o corpo constituído especularmente" e "o desejo".* Avaliações de outros especialistas são solicitadas, em caso de necessidade, permitindo apoiar e/ou descartar a pertinência das hipóteses formuladas. Enfim, considera-se que argumentos isolados como debilidade, organicidade ou distúrbios psicológicos *per si* não constituem *"causa determinante"* ou *"equivalência"* a problemas de aprendizagem. Ainda como aponta Fernándes: *"o que tentamos encontrar é a relação particular do sujeito com o conhecimento e o significado do aprender"* e que *"o jogo do saber - não saber, conhecer-desconhecer e suas diferentes articulações, circulações e mobilidades, ou em seus particulares nós e travas presentes no sintoma é o que nós tentamos decifrar num diagnóstico."* Portanto, o psicopedagogo procura responder à interrogações particulares:

> <<Com que recursos a criança conta para aprender? O que significa o conhecimento e o aprender no imaginário do sujeito e da família? Que papel foi designado à criança pelos pais, em relação ao aprender? Qual a modalidade de aprendizagem da criança? Qual a posição da criança frente ao não-dito, oculto, secreto? Que função tem o não-aprender para a criança e para o grupo familiar? Qual o significado da operação particular que constitui o sintoma? Como a criança aprende e como não aprende? O não aprender é um sintoma ou é uma resposta ao meio educativo?>>

Como em qualquer prática clínica, o diagnóstico tem função contínua, sendo necessariamente desdobrado e refeito em todo o percurso do processo terapêutico. Ao partir do problema de aprendizagem como sintoma, os modos de aproximação ao diagnóstico definem uma posição teórica. Afinal, o conceito de sintoma sofre modalizações diversas nas diferentes clínicas, em função dos campos teóricos em que este se articula a uma rede de pressupostos, que definem o que constitui uma realidade

PRÁTICAS CLÍNICAS E ESCOLARES

e os instrumentos de aproximação a ela. Segundo Lalande[9], o sintoma é conceito originalmente pertencente à linguagem médica, e define:

> <<*fenômeno ou caráter perceptíveis que são ligados a um estado ou a um processo oculto e que permitem diagnosticá-lo com uma probabilidade maior ou menor"*; em sentido amplo, refere-se a "*tudo o que, num organismo biológico ou numa sociedade, manifesta um estado ou uma mudança oculta*>>.

A significação que o diagnóstico toma na clínica médica é esclarecido por Dor[10]:

> <<*Um diagnóstico é um* ato médico *mobilizado por dois objetivos. Primeiramente, um objetivo de* observação, *destinado a determinar a natureza de uma afecção ou uma doença, a partir de uma semiologia. Em seguida, um objetivo de* classificação, *que permite localizar um estado patológico no quadro de uma nosografia. O diagnóstico médico é, então, sempre colocado numa dupla perspectiva: a) em referência a um* diagnóstico etiológico; *b) em referência a um* diagnóstico diferencial. *Além disso, o diagnóstico médico se propõe não só a estabelecer o prognóstico vital ou funcional da doença, mas, ainda, a escolher o tratamento mais apropriado. Para isso, o médico dispõe de um sistema de investigação multivariado. Ele põe em curso, primeiramente, uma* investigação anamnéstica *destinada a recolher os fatos comemorativos da doença pelo viés de uma entrevista. Apoia-se, em seguida, em uma* investigação armada, *destinada a reunir informações, procedendo ao exame direto do doente, com a ajuda de mediadores técnicos, instrumentais, biológicos, etc.*>>

Na clínica médica, são as correlações entre a especificidades dos sintomas e o diagnóstico que permitem a terapêutica:

> <<*Se este dispositivo causalista mostra-se, todavia, eficaz, é porque o corpo responde a um processo de funcionamento também regulado segundo idêntico princípio. Existe um certo tipo de determinismo orgânico. Quanto mais o conhecimento desse determinismo for aprofundado, mais o número de correlações entre as causas e os efeitos se multiplica. Por outro lado, mais a especificação dos diagnósticos igualmente se afina.*>>[11]

---

[9] Lalande, A. - *Vocabulaire technique et critique de la philosophie*, vol.ll, Paris, Quadrige/Puf, 1991, p. 1086.

[10] Dor, J. - *Estruturas e Clínica Psicanalítica*, Rio de Janeiro, Taurus-Timbre, 1991, pp. 13-14.

[11] *idem*, p.17

O valor do sintoma, na soberania da consciência médica, é o de signo identificado à realidade da doença, sendo a configuração de seus agrupamentos sintomáticos o que permite identificá-la e tratá-la. Essa perspectiva é possível na medida em que se excluem as respectivas posições subjetivas, que prejudicam a objetividade necessária ao diagnóstico. Como aponta Clavreul:

> <<O médico não fala e não intervém senão enquanto é o representante, o funcionário do discurso médico. Seu personagem deve se apagar diante da objetividade científica da qual é o garante. Quanto ao doente, não é a ele que se dirige, mas ao homem presumidamente normal que é e que deve voltar a ser...>>[12]

Tal esforço de exclusão das bordas subjetivas confere à clínica médica o caráter prevalente do olhar científico sobre a escuta que, necessariamente, implica a subjetividade.

No diagnóstico psicológico, o modelo de avaliação médica é em grande parte reproduzido, na medida em que se apoia na coleta de informações anamnésicas e na observação do jogo infantil que fornecem a semiologia e a etiologia e conjuga essas informações com mediadores instrumentais. Os padrões estatísticos obtidos nas provas de inteligência e de habilidades motoras, desenhos e testes projetivos, permitem classificar e diferenciar.

Entretanto, a adesão a conceitos oriundos da psicanálise obrigou a reconsiderar, nessas práticas, o ideal de ciência, uma vez que passaram a levar em conta os limites empíricos da observação de fenômenos e da captação de dados. A observação passiva, permissiva e neutra é recoberta pela constatação dos efeitos subjetivos da situação clínica, em que o olhar e a dedução do psicólogo evidenciam um lugar subjetivo de onde sustenta sua leitura: do que olha, do que deduz, e de como o faz. Relativizando os instrumentos formais de avaliação, o parecer psicológico se baseia nos efeitos que a situação clínica sugere ao profissional. A valência do sintoma oscila entre signos objetiváveis e metáforas de uma posição subjetiva

---

[12] Clavreul, J. - *A Ordem médica*, São Paulo, Brasiliense, 1983, p.224.

PRÁTICAS CLÍNICAS E ESCOLARES

do sujeito, adquirindo seus contornos e prevalências na consonância com o estilo pessoal do psicólogo, através da circulação dos pressupostos de que se serve, e em que busca um acordo entre a concepção objetivante oriunda das práticas da medicina e do campo interpretativo inaugurado pela psicanálise, com toda a pluralidade que a partir daí se inscreveu.

Na psicanálise, o sintoma,

> <<engloba sempre um equivalente de uma atividade sexual, mas nunca um equivalente unívoco. Pelo contrário, trata-se sempre de um equivalente plurívoco, superposto, sobredeterminado e, para dizer tudo, construído segundo modelo exato das imagens dos sonhos, as quais representam uma competência, uma superposição de símbolos tão complexa como uma frase poética>>[13]

> <<os sintomas neuróticos "baseiam-se, por uma parte, na exigência das pulsões libidinais e, por outra, no veto do ego, na reação contra aquelas pulsões>>[14]

> <<são essencialmente satisfações substitutivas de desejos sexuais não realizados.(...)toda neurose esconde um montante de sentimento de culpa inconsciente que, por sua vez, consolida o sintoma, por sua aplicação como castigo.(...)Quando uma aspiração pulsional sucumbe à repressão, seus componentes libidinosos são transpostos em sintomas, e seus componentes agressivos em sentimentos de culpa.>>[15]

O diagnóstico psicanalítico operado nas entrevistas preliminares (o que Freud chamou de *tratamento por ensaio*), considera um determinismo absolutamente diferenciado da clínica médica. A causalidade psíquica não obedece a nenhuma correlação estável entre sintoma e identificação diagnóstica. O único meio que o analista tem é a escuta, sustentada no discurso do paciente. Dor[16] esclarece:

> <<Na medida mesmo em que a formação do sintoma é tributária da palavra e da linguagem, o diagnóstico não pode deixar de se ver aí concernido. As referências diagnósticas estruturais *advêm*, então num só

---

[13] Lacan, J. - *O real, o simbólico, o imaginário*, (discurso pronunciado em Julho de 1953 na fundação da Societé Française de Psychanalyse), mimeo. p.7.

[14] Freud, S. - *Três Ensaios de Teoria Sexual*, vol. Vll, Buenos Aires, Amorrortu, 1976, p.149 (nota agregada em 1920)

[15] Freud, S. - *O mal estar na cultura*,vol. XXl, Buenos Aires, Amorrortu, 1976, p.134.

[16] Dor, J. - *Estruturas e Clínica Psicanalítica*, Rio de Janeiro, Taurus-Timbre, 1991, pp.21-22.

168

CRIANÇAS NA PSICANÁLISE

registro. Não constituem, todavia, elementos confiáveis nessa avaliação diagnóstica, senão à condição de se poder desligá-los da identificação dos sintomas. A identidade de um sintoma nunca é senão um artefato a ser colocado por conta dos efeitos do inconsciente. A investigação diagnóstica precisa, então, se prolongar aquém do sintoma, isto é, num espaço intersubjetivo, [...] aquele ordenado pela articulação da palavra. É, então, no desdobramento do dizer, que se manifestam essas referências diagnósticas estruturais, tais quais incisões significativas do desejo que se exprimem naquele que fala. Essas referências nada mais são que indícios que balizam o funcionamento da estrutura subjetiva. Como tais, só podem fornecer informações quanto ao funcionamento da estrutura, porque representam "painéis de significação" impostos pela dinâmica do desejo. De fato, a especificidade da estrutura de um sujeito se caracteriza, antes de mais nada, por um perfil pré-determinado na economia de seu desejo, que é governada por uma trajetória estereotipada. São semelhantes trajetórias estabilizadas que chamarei, por assim dizer, traços estruturais. As referências diagnósticas estruturais aparecem, então, como indícios codificados pelos traços da estrutura que são, eles próprios, testemunhas da economia do desejo. Daí decorre a necessidade, para precisar o caráter operatório do diagnóstico, de se estabelecer claramente a distinção entre os "sintomas" e os "traços estruturais. >>[17]

Pode-se observar, nas práticas psicopedagógicas, uma forte semelhança com as práticas psicológicas, em que a relação entre os sintomas e a construção diagnóstica obedece a dois princípios. O estudo da produção sintomática relativa às dificuldades de aprendizagem pode ser situado como enigma de uma posição subjetiva face ao outro. Trata-se, portanto, de situar o sintoma como uma *enunciação* que circunscreve uma estrutura subjetiva inconsciente que sustenta o dito. Ao mesmo tempo, o sintoma é tratado no nível do *enunciado*, na medida em que a avaliação psicopedagógica volta-se ao produto do ato do sujeito - sua produção cognitiva observada nas avaliações instrumentais, obedecendo, portanto, à concepção oriunda da medicina. Para encontrar a especificidade da psicopedagogia, é preciso refletir sobre seu modo de aproximação de seu objeto, esclarecendo de onde a psicopedagogia olha o que considera "dados" e como o profissional entra na cena clínica: que lugar ocupa e quais efeitos provoca na produção de "dados" pelo sujeito examinado.

---

[17] Idem.

PRÁTICAS CLÍNICAS E ESCOLARES

A releitura que a psicopedagogia faz dos instrumentos das disciplinas que toma de empréstimo e o modo como os articula na produção de sua especificidade é lugar pouco abordado, mantido em suspense.

Ao considerar a relação da psicopedagogia à psicanálise, diante do problema da indicação terapêutica, alguns pontos poderão alimentar sua reflexão. Quando se considera que a dificuldade de aprendizagem é produção de sintoma inconsciente, pretende-se que o tratamento psicopedagógico o dissolva. Pode-se notar, nessa visão, que a hipótese psicanalítica é usada no diagnóstico do problema, mas perde sua eficácia e passa a servir de justificativa para uma abordagem terapêutica que dela se diferencia. Se o diagnóstico psicopedagógico parte de construtos psicanalíticos tais como constituição do sujeito, inconsciente, desejo, seria importante analisar *por que e em que* a proposta terapêutica se distingue ao tratamento psicanalítico ao propor tratamento psicopedagógico centrado no trabalho de supressão desse sintoma. A psicopedagogia sugere aí a descoberta de uma terapêutica para além da psicanálise. Seria, portanto, bastante esclarecedora a tomada de posição crítica da psicopedagogia em relação à psicanálise.

Num livro que trata especificamente da psicopedagogia, Bossa afirma que:

> <<o sujeito da psicopedagogia tem assumido contornos mais específicos. Não se trata do sujeito epistêmico de Piaget, do sujeito do inconsciente de Freud, do sujeito cindido de Lacan e outros, porém, estamos tratando de resgatar um sujeito total: não a soma, mas sim a articulação desses sujeitos ou fragmentos.>>[18]

Parece que, não apenas o conceito de sujeito, mas ainda os de aprendizagem, de diagnóstico e de terapêutica operam, na psicopedagogia, enquanto tentativa de resgate de uma totalização. Ela está situada em uma articulação de fragmentos de conceitos das teorias de referência. Pode-se supor a necessidade de uma análise rigorosa da consistência que tal articulação fragmentar produz, posto que, assim dispostos, os fragmentos conceituais ganham novo estatuto que não equivale ao que adquiriam, na rede teórica que os originou, como o uso dos conceitos de sintoma e de diagnóstico demonstra.

---

[18] Bossa, N. - *A Psicopedagogia no Brasil, Contribuições a partir da Prática*, Artes Médicas, Porto Alegre, 1994.

170 CRIANÇAS NA PSICANÁLISE

Embora não se trate de soma de conceitos, mas de articulação de fragmentos conceituais, essa articulação, no entanto, é ainda cumulativa, posto que, no escopo da psicopedagogia, tais conceitos não estão diferenciados num sistema teórico que lhes dá especificidade.

1.3. O "dado" psicopedagógico

A análise das manifestações subjetivas da criança é operada pelo psicopedagogo através de avaliações projetivas (como desenhos, jogos e o teste do par educativo). A questão que está aí implicada diz respeito ao estatuto que esse tipo de produção tem, num diagnóstico e numa clínica psicopedagógica. Conferir significado às produções da criança, a partir de sua apresentação manifesta, pode conferir um caráter advinhatório e, conseqüentemente, a imposição de uma significação pré-concebida. Na medida em que o estatuto de tais produções não esteja suficientemente explicitado, obriga o psicopedagogo, em seu esforço compreensivo, a fazer recurso à sua própria vertente imaginária, na medida em que estabelece valor de signo patognomônico, numa correspondência biunívoca entre manifestação e interpretação. Exemplo disso é o fragmento colhido de um relato psicopedagógico:

> <<Nos desenhos que fazia, o relógio foi uma constante. Na lousa, em papéis coloridos grandes ou pequenos...(Prancha 11).
>
> O relógio é o símbolo de outra fase de desenvolvimento: o patriarcado. Representa a discriminação, o certo e o errado, eu e o outro, o bem e o mal.
>
> O relógio de C aparece rodeado de defesas, com armas, tesouras, luvas de box. Utiliza a defesa porque essa estruturação está sendo muito difícil. Não tem espaço próprio, está sendo exigido além de suas forças, não é reconhecido por seus méritos, e com isso não aprende a discriminar, a selecionar normas que o orientem, que facilitem sua inserção no mundo e a aprendizagem com significado. C vê o conhecimento do outro, mas não constrói o próprio, vivencia um patriarcado repressor e o medo de arriscar, ousar, acaba por marcar sua fragilidade.>>[19]

---

[19] Sargo, C. e Suely G. Moreira - Diagnóstico e Acompanhamento das dificuldades de Aprendizagem através de símbolos arquetípicos, *A Práxis Psicopedagógica Brasileira*, org. Sargo, C e outros, editor Herval Gonçalves Flores, São Paulo, Abpp,1994.

PRÁTICAS CLÍNICAS E ESCOLARES 171

A articulação cumulativa entre o diagnóstico médico, avaliação pedagógica, entrevistas preliminares psicanalíticas e psicodiagnóstico, operada na prática psicopedagógica, impede de explicitar a especificidade da psicopedagogia, quanto à posição de onde ela "olha" e "interpreta" seu objeto: o problema de aprendizagem. Os instrumentais técnicos para avaliação próprios às disciplinas com as quais a psicopedagogia faz interface (psicologia, neurologia, psicanálise, pedagogia) são sustentados por conceitos complexos que determinam o que é "dado" e como deve aproximar-se do "dado". Ao servir-se dos instrumentos específicos de outras disciplinas, a Psicopedagogia os legitima, mas também a eles submete seu olhar e sua interpretação.

A concepção do diagnóstico psicopedagógico carrega, assim, as heranças lacunares encobertas na psicologia, assemelhando-se sobremaneira ao psicodiagnóstico. Outro indício dessa relação com a psicologia pode ser apontado a partir do uso prevalente das provas piagetianas na determinação da estrutura de conhecimento atingida pela criança. No contexto psicopedagógico, essas provas adquirem função semelhante ao recurso da psicologia a instrumentos de medição de quociente intelectual. Opera-se uma substituição dos testes de nível mental, comuns no psicodiagnóstico, pelas provas piagetianas. Lajonquière aponta o risco dessa aplicação da psicologia genética nas avaliações psicopedagógicas, uma vez que trata os períodos seqüenciais propostos por Piaget como mera descrição fenomenológica da conduta cognitiva, como se a partir deles pudesse se construir uma nova escala de medição:

> <<*Em particular, essa espécie de escala evolutiva é utilizada para discriminar crianças como pré-operatórias, operatórias, intermediárias ou conservadoras, tanto na escola como na clínica, à espera (ilusória) de que essa nova nosografia ordene (científica e tecnicamente) o fazer profissional.*>>[20]

Esse mesmo aspecto é sublinhado por Macedo, ao apontar o risco do diagnóstico psicopedagógico, enquanto estrutura que pode fixar limites e predeterminar até onde a criança pode caminhar:

---

[20] Lajonquière, L.- De Piaget a Freud, Vozes, Petrópolis, 1993, p. 32.

172   CRIANÇAS NA PSICANÁLISE

<<Não sou contra o diagnóstico, mas contra esta atitude diagnóstica, que opera no discurso da lei. Por exemplo, há profissionais que aplicam as provas clássicas de Piaget como se fossem testes de inteligência, como se o ser ou estar pré-operatório fosse algo insuperável, como se fosse destino da criança ser isso ou aquilo, como se as provas de Piaget fossem dissociadas dos conteúdos que cada uma delas avalia.>>[21]

1.4. A demanda de terapia psicopedagógica

No terceiro modelo aqui considerado, cabe retornar a algumas questões do dignóstico que parecem de extrema relevância na perspectiva de problematizar a especificidade da psicopedagogia. Busca-se a causalidade psíquica da dificuldade de aprendizagem na posição conferida à criança, dando a esta o estatuto de sintoma inconsciente daqueles (pai e/ ou mãe) que solicitam a terapia psicopedagógica.

A especificidade da clínica de crianças começa pelo pedido, que evidencia uma situação de ambigüidade da demanda:

<<Quem a faz? Por quê? Por quem? O laço de estreita dependência, tanto afetiva quanto social ou legal, do jovem sujeito diante de seus pais permite que ele tenha uma fala que lhe seja própria?>>[22]

O pedido de atendimento psicopedagógico funde demandas laterais de terceiros. Os que trazem a criança (pais, especialistas ou escola) trespassam, nesse pedido, outras demandas que incidem transferencialmente. A complexidade de uma prática psicopedagógica reside não apenas em qualificar essa incidência como em diferenciar, na criança, repetições transferenciais de identificação à demanda dos pais ou educadores. A questão que aí se coloca é de como diferenciar a criança, enquanto sujeito do desejo, do lugar que ocupa no discurso familiar. Resgatar a criança do discurso dos pais pode ser inviável quando uma dificuldade de

---

[21] Macedo, L. - Para um discurso das regras na escola ou na psicopedagogia, *Ensaios Construtivistas*, São Paulo, Casa do Psicólogo, 1994, p. 92.

[22] Duault, R. - L'Analyse des Enfants, ou de L'utilisation d'un grand héritage de Anna Freud et Mélanie Klein à Françoise Dolto, *La Psychanalyse de L'enfant*, no. 11, Revue de l'Association Freudienne, Paris, 1992, pp.81-82.

PRÁTICAS CLÍNICAS E ESCOLARES

aprendizagem está nomeada na criança, tamponando a demanda dos pais, e é recebida pelo especialista que se compromete a tratá-la como dificuldade de aprendizagem.

A apresentação da dificuldade da psicanálise na clínica com crianças pode evidenciar a ampliação de grau de complexidade que essas questões assumem na clínica psicopedagógica:

> <<...a questão da dificuldade do diagnóstico infantil é relacionada com o fato de que a grande maioria dos laços transferenciais com crianças começam com um laço transferencial colocado pela demanda dos pais. Então, já a situação transferencial é uma situação que, desde o começo, se presta mal para o diagnóstico da criança. A distinção é bem conhecida entre "criança-sintoma" e "sintoma da criança". O que inclusive acontece é que quando a demanda dos pais está esgotada a criança vai embora com eles sem que lhe seja deixado o tempo de articular a sua. (...) o que faz o saber inconsciente de um sujeito não é algo que possa ser calculado a partir da singularidade dos membros da sua família. É algo que só pode ser calculado no discurso. Então, a presença efetiva dos membros da família geralmente produz como efeito um aumento das resistências do analista; porque ele vai, progressivamente, acreditar num cálculo possível do saber inconsciente do sujeito a partir da singularidade dos desejos inconscientes dos membros da família. (...) a determinação de um sujeito se decide no campo da linguagem e segundo cálculos que não coincidem com laços intersubjetivos.>>[23]

A convocação feita ao psicopedagogo de explicar e tratar as sobras enigmáticas da demanda parental nas manifestações cognitivas da criança pode, se aceita, conduzir a criança a um processo de alienação ainda maior. Tratar o sintoma parental com a terapêutica voltada à criança pode implicar a legitimação da pertinência do sintoma parental no lugar onde ele se manifesta - a criança.

Ao mesmo tempo, a posição de psicopedagogo confere ao terapeuta um posto de suposto-saber, não apenas no que se refere à função compreensiva e explicativa da dificuldade de aprendizagem, mas também como aquele que é capaz de mediar e de fazer superar as dificuldades de aprendizagem cognitiva da criança. O psicopedagogo passa assim a acu-

---

[23] Calligaris, C. - *Introdução a uma clínica diferencial das psicoses*, Artes Médicas, Porto Alegre, 1989, pp 27-28.

mular a função mediadora da possibilidade da aprendizagem e a função analítica interpretativa, tornando-se, portanto, implicado na legitimação daquilo que parece contrário a seus objetivos: manter uma posição imaginária da criança, cujo lugar de não poder saber é assegurado por um *"Outro que sabe tudo".*

1.5. A supervisão

O lugar conferido à fala dos supervisores no texto do psicopedagogo permite pontuar a presença de uma relação específica incidente na clínica psicopedagógica. Se o psicopedagogo não chega a explicitar sua operação clínica diante do sujeito em dificuldades de aprendizagem, ele aponta, com a inserção da voz do supervisor em seus relatos, um modo de produzir sua própria formação, uma das modalidades do seu *aprender-com-o-aprendiz:* apresentar sua leitura do caso a um terceiro, demandando assim uma releitura.

A demanda de supervisão demonstra o esforço do psicopedagogo para superar os limites de sua própria interpretação e ação terapêutica, e deixar-se afetar por um outro, na direção do encontro de suas próprias lacunas na intervenção numa situação clínica. Mas, na medida em que o discurso do supervisor toma caráter de determinação da abordagem, tornando-se o lugar de mestria sobre o caso apresentado, passa a adquirir supremacia sobre a clínica. O supervisor explica a situação clínica e orienta o fazer. Sua fala dá a útima palavra, seu discurso é reproduzido como foi formulado, portanto, sem nenhuma distância elaborativa do próprio psicopedagogo. O supervisor é chamado a exercer a função de *super-visor,* de lugar onde o saber é suposto completo.

Essa presença da supervisão ultrapassa os relatos analisados e comparece também em textos de diversos autores, nos quais é considerada fundamental. Ela é um dos compromissos do psicopedagogo para garantir o binômio *Reconhecimento/Legalidade* e, nessa perspectiva, a supervisão é *"recurso para uma leitura mais precisa e isenta de nossas projeções e/ou transferência"* [24] .

---

[24] Mendes, M. - A Praxis Brasileira, seus campos de atuação e sua identidade, *A Práxis psicopedagógica Brasileira,* org. Sargo C. e outros, Editora Abpp, 1994, p.17).

PRÁTICAS CLÍNICAS E ESCOLARES

A submissão da psicopedagogia à figura do supervisor como sua garantia permite ao psicopedagogo uma certa comodidade, enquanto legitimidade ou autorização dada por um terceiro. Nesse sentido, seu lugar é significativo da definição da posição psicopedagógica. Enquanto é garantia de reconhecimento, atestado de busca de efetividade ou anteparo aos limites das referências teóricas que sustentam a prática, o supervisor pode constituir um lugar para a psicopedagogia no qual o psicopedagogo transita, mas sem poder dele se apropriar; ou seja, atribuindo ao supervisor um *lugar do saber* que ultrapassa a responsabilidade pelo ato daquele que clinica, o psicopedagogo aliena-se do lugar de interrogação sobre o seu próprio fazer.

1.6. Piaget e Freud - desenvolvimento cognitivo e constituição subjetiva

Considerando *"mal solucionadas"* as respostas à questão do sentido das tentativas cognitivas iniciais do sujeito, Piaget questiona as posições do empirismo tradicional *("toda informação cognitiva emana dos objetos e vem, de fora, informar o sujeito")* e do apriorismo/inatismo *("o sujeito está desde o início munido de estruturas endógenas que ele imporia aos objetos")* evidenciando que o postulado destas epistemologias, em todas as suas variações na história das idéias, é:

> <<supor que existe em todos os níveis um sujeito conhecedor de seus poderes em graus diversos (mesmo que eles se reduzam à mera percepção dos objetos), objetos existentes como tais aos olhos do sujeito (mesmo que eles se reduzam a "fenômenos"), e, sobretudo, instrumentos de modificação ou de conquista (percepções ou conceitos), determinantes do trajeto que conduz do sujeito aos objetos ou o inverso.>>[25]

No postulado piagetiano, o conhecimento resulta de interações que se produzem *"a meio caminho"* entre sujeito e objeto; dependentes, portanto, de ambos, decorrentes de uma *"indiferenciação completa e não do intercâmbio entre formas distintas"*. Sem sujeito, objeto ou ins-

---

[25] Piaget, J. - A Epistemologia Genética, *Piaget*, Coleção: Os pensadores, Abril Cultural, São Paulo, 1983, pp. 6-7.

trumentos invariantes de troca, *"o problema inicial do conhecimento será pois elaborar tais mediadores"*. Na zona de contato entre corpo próprio e coisas desencadeia-se a elaboração solidária e complementar do sujeito e dos objetos, em que os *mediadores* se empenharão num processo de *equilibração majorante* em direção ao interior e ao exterior.

> <<*Com efeito, o instrumento de troca inicial não é a percepção..., mas antes a própria ação, em sua plasticidade muito maior. Sem dúvida, as percepções desempenham um papel essencial, mas elas dependem em parte da ação em seu conjunto, e certos mecanismos perceptivos que se poderiam acreditar inatos ou muito primitivos...só se constituem a certo nível da construção dos objetos. De modo geral, toda percepção chega a conferir significações relativas à ação aos elementos percebidos... e é pois da ação que se convém partir. Distinguiremos a este respeito dois períodos sucessivos: o das ações sensório-motoras anteriores a qualquer linguagem ou a toda conceptualização representativa, e o das ações completadas por estas novas propriedades, a propósito das quais se coloca então o problema da tomada de consciência dos resultados, intenções e mecanismos dos atos, isto é, de sua tradução em termos de pensamento conceptualizado.*>>[26]

Piaget considera que a psicogênese só é compreensível pelo recuo a suas raízes orgânicas, não no sentido de uma ação exclusiva do meio ou de uma pré-formação inata. As raízes orgânicas das estruturas são explicáveis *"pelas auto-regulações com seu funcionamento em circuitos e sua tendência intrínseca ao equilíbrio"*[27]. Sua posição é justificada, considerando que esses sistemas reguladores parecem relacionados aos caracteres gerais da organização vital, presentes em todos os seus degraus, *"do genômio até o comportamento"*. Enquanto considera as auto-regulações *"um dos caracteres mais universais da vida e mecanismo mais geral, comum a reações orgânicas e cognitivas"*, Piaget estabelece solução de continuidade entre homeostasia genética, homeorese, homeostasias fisiológicas e as regulações em equilíbrio majorante em todos os comportamentos cognitivos.

Na medida em que as auto-regulações podem ser consideradas um *"funcionamento constitutivo das estruturas"*, Piaget pode afirmar a soli-

---

[26] Idem.

[27] Idem, p.37.

dariedade entre a psicogênese e a biogênese dos instrumentos cognitivos: *"instrumentos operatórios nascem, graças à ação, no seio de um sistema material que determinou suas formas elementares"*.

A consideração dos afetos enquanto aspecto energético que se conjuga ao estrutural (cognitivo) na conduta, não conduz Piaget a supor uma possibilidade de determinação da primeira sobre a segunda. A afetividade intervém nas operações de inteligência, estimulando, perturbando ou permitindo operações cognitivas originais, mas *"não é capaz de modificar as estruturas da inteligência enquanto tais"*[28]. Posteriormente, afirmando que o gênero de comparação entre a psicanálise e a psicologia das funções cognitivas é "rico de promessas", mostra a perspectiva de uma futura fusão da psicanálise e da psicologia das funções cognitivas. Piaget mostra as relações entre as duas[29], apontando que, tanto na composição energética dos afetos como na estrutura cognitiva, o mecanismo íntimo desses processos é inconsciente.

O funcionamento estrutural da inteligência usado pelo indivíduo num sistema de conexões não se reduz à consciência que deste ele tem, e sua fonte inconsciente remonta até às coordenações nervosas e orgânicas. Assim, ações particulares do indivíduo podem ser consideradas por Piaget o "conteúdo manifesto", consciente, do resultado de um funcionamento estrutural inconsciente. Existem casos em que a tomada de consciência sofre o impacto de um mecanismo inibidor comparável ao "recalque" freudiano. Isto ocorre quando a reconstituição lógica de uma ação, por um indivíduo, se dá em função de uma idéia pré concebida que deforma ou se afasta do modo como, na realidade, ele procedeu. Tais lacunas e deformações ocorrem, para Piaget, porque o procedimento foi compreendido em ação e não em representação. Afinal, alguns esquemas sensório-motores se tornam conscientes por uma tradução em conceitos; posição que lhes dá superioridade em relação a outros esquemas de ação que, por serem contraditórios com idéias conscientes anteriores, perma-

---

[28] Piaget, J. - Les Relations entre L'intelligence et l'affectivité dans le développement de l'enfant (Cours de la Sorbonne), *Bulletin de psychologie*, Paris, 1954.

[29] Piaget, J.- Inconsciente afetivo e inconsciente cognitivo (Conferência proferida na Sociedade Americana de Psicanálise), *Problemas da Psicologia Genética (1972)* , *Piaget*, Coleção Os Pensadores, São Paulo, Abril Cultural, 1983, pp. 226-234.

necem inconscientes; são eliminados por incompatibilidade e não integração. O esquema foi repelido da consciência antes que ele aí penetrasse de forma conceitualizada. O recalque inconsciente cognitivo impede a tomada de consciência que será constituída pela reconstrução, no plano superior (consciência), do que já está organizado no plano inferior (inconsciente), e ocorre em função de uma desadaptação na regulação de um esquema de ação até então suficiente. A reconstrução conceitualizada vai se completando, pouco a pouco, pela integração de dados em novos esquemas conceituais.

Entretanto, o ponto de vista teórico de Freud demonstra diferenças inconciliáveis ao de Piaget, a partir mesmo de um de seus princípios básicos. As raízes orgânicas que lhe permitem sustentar as autoregulações equilibradoras não podem ser identificadas ao princípio da constância (tendência a manter constante o nível de intensidade de excitação), considerando que Freud, embora afirme que o princípio do prazer decorre do princípio da constância, afirma também ser *"incorreto falar na dominância do princípio do prazer sobre o curso dos processos mentais"*[30]. Assim, a tendência no sentido do prazer é contrariada por forças ou circunstâncias, já que a imensa maioria dos processos mentais não é acompanhada de ou produz prazer. A *compulsão à repetição*, mesmo rememorando experiências que a sobrepujam é *"mais elementar, mais primitiva, mais pulsional do que o princípio do prazer"*. O recurso de Freud ao orgânico indica que o retorno ao estado anterior implica um *além do princípio do prazer* que, em última instância, é o cancelamento da pulsão, o retorno ao estado inorgânico:

> <<*Da ação eficaz, conjugada e contrária* das pulsões eróticas e da pulsão de morte, *surgem os fenômenos da vida, a que a morte põe termo.*>>[31]

Esta perspectiva permite a Freud a formulação de que a inclinação agressiva é disposição pulsional do ser humano em que a cultura

---

[30] Freud, S. - *Além do Princípio do Prazer* (1920), Vol.XVIII, Obras Completas, Buenos Aires, Amorrortu, 1976, pp. 7-11.

[31] Freud, S. - *Novas Conferências de Introdução à Psicanálise*, Vol. XXII, Obras Completas, Buenos Aires, Amorrortu, 1976, p.99.

encontra seu obstáculo mais poderoso, posto que a cultura é processo a serviço de Eros, que quer reunir os indivíduos em ligações libidinais, ou seja, em uma humanidade. A luta entre Eros e Tânatos (Morte) é o conteúdo essencial da vida, uma vez que, *"a este programa se opõe a pulsão agressiva natural dos seres humanos, a hostilidade de um contra todos e de todos contra um"*[32]. O sentimento de culpa, enquanto efeito da angústia frente à autoridade que compele à renúncia das satisfações pulsionais para que não haja perda do amor e, posteriormente, frente ao superego (que em parte substitui a autoridade externa e do qual não se pode ocultar a insistência dos desejos proibidos) que exige punição, leva Freud à afirmação de que a *"renúncia ao pulsional (imposta a nós de fora) cria a consciência moral que, depois, reclama mais e mais renúncias"*[33]. Enfim, a renúncia à satisfação de desejos sexuais não realizados é transposta em sintomas neuróticos, numa luta que preside a economia libidinal do sujeito.

Os conceitos de recalque e inconsciente apresentam a grande distância que separa Piaget e Freud. Pedra angular da psicanálise, o recalque é a operação de exclusão ou de manutenção, no inconsciente, de representações ligadas a uma pulsão, devido à ameaça de desprazer:

> *<<Pode ser considerado um processo psíquico universal, na medida em que estaria na origem da constituição do inconsciente como domínio separado do resto do psiquismo>>*[34]

O inconsciente composto de representantes pulsionais, cuja mobilidade de investimentos é regida por mecanismos de condensação e deslocamento, não se assemelha ao plano de organização proposto, no conceito de inconsciente cognitivo, por Piaget. O inconsciente, em Freud, não é dissolvível pela consciência; pelo contrário, é condição de sua possibilidade. A tomada de consciência de conteúdos do inconsciente pode ser exemplificada e diferenciada daquela, proposta por Piaget, através da negação:

---

[32] Freud, S. - *O Mal Estar na Cultura*, Vol. XXI, Obras Completas, Buenos Aires, Amorrortu, 1976, p. 118.

[33] Idem, p.124.

[34] Laplanche, J. e Pontalis, J.-B. - *Vocabulário de Psicanálise*, Martins Fontes, Santos, 1977, p. 553.

180 CRIANÇAS NA PSICANÁLISE

<<*Um conteúdo de representação ou de pensamento recalcado pode penetrar na consciência sob a condição de que se deixe negar. A negação é um modo de tomar conhecimento do recalcado; no fundo, já uma suspensão do recalcamento, mas, na verdade, nenhuma aceitação do recalcado.*>>[35]

Por outro lado, o conceito de estrutura, que preside o edifício teórico piagetiano, poderia permitir supor a pertinência ou a complementariedade de interlocução entre Piaget e Lacan, que afirma a estrutura do inconsciente como uma linguagem. Isso torna necessária a diferenciação entre os conceitos de estrutura em ambos os autores. Para Piaget, estrutura:

<<*é um sistema de transformação que comporta leis enquanto sistema (por oposição às propriedades dos elementos) e que se conserva e se enriquece pelo próprio jogo de suas transformações, sem que estas ultrapassem suas fronteiras ou recorram a elementos exteriores. Uma estrutura comporta três características: totalidade, transformação e autoregulação.*>>[36]

Para Lacan, a inclusão do sujeito na estrutura implica, de saída, a impossibilidade de uma totalização: há um impossível à língua, afinal, *tudo não se diz*[37]. No lugar em que a falta da causa se produz no espaço de seus efeitos, um elemento se interpõe, suturando-a. Como lembra Miller, tal elemento insere, na malha mais fraca de uma seqüência, o lugar da falta. É ponto impróprio, utópico da estrutura:

<<*Esse lugar impossível de ocupar anuncia-se então, pelo seu passo singular, contraditório, desigual em relação ao plano; o elemento que o mascara assinala agora, por uma certa flexão de sua configuração, que sua presença é indevida, que ele não deveria estar lá. Mas é nesse ponto, precisamente onde se interseccionam e se articulam o espaço exposto do estruturado e o espaço transcendental do estruturante, que se deverá regular o olhar, e tomar por princípio de organização o lugar fundamental mesmo.*>>[38]

---

[35] Freud, S. - A Negação, *Letra Freudiana*, Ano VIII, no 5, p.11.

[36] Piaget, J. - *Le Structuralisme*, Paris, PUF, 1970, p.6.

[37] Milner, J-C. - *O amor da língua*, Porto Alegre, Artes Médicas, 1987, p. 7.

[38] Miller, J-A. - Ação da Estrutura, *Cahiers pour l'Analyse*, no 9, Seuil, 1964, p.97.

PRÁTICAS CLÍNICAS E ESCOLARES 181

Enfim, como se pode ler em Leite[39], ao considerar o inconsciente como *"o que falta ao sujeito para estabelecer uma relação de integralidade com a verdade que o causa",* Lacan esvazia a noção de uma entificação da subjetividade e dá a especificidade ao conceito de estrutura em psicanálise: a inclusão do sujeito do inconsciente. Nesta perspectiva, pode-se apontar a heterogeneidade do conceito de estrutura em Piaget e Lacan.

A constituição subjetiva, não é, portanto, na psicanálise, um efeito da ação, cuja função é, em Piaget, mediadora da relação entre o sujeito e os objetos, na construção do sujeito cognitivo. Com Lacan[40], pode-se dizer que é o nascimento do *infans* na condição de falo e, portanto, posicionado como objeto causa do desejo de um outro, o que inaugura as operações que o conduzem da condição de objeto de um outro à de sujeito desejante. O objeto não tem instância nem entra em função senão sob o efeito da potência do agente materno, que transforma objetos de satisfação em objetos de Dom, marcas do valor materno e de seu testemunho simbolizante, em cujo apelo, o *infans* se engaja na dialética da alienação especular. O reconhecimento da ineficácia do seu apelo como articulador da presença-ausência materna vai conduzi-lo à constatação de sua própria insuficiência enquanto falo e à noção de que, ao objeto de sua demanda, a mãe, falta esse falo. A constatação dessa falta situa a antes suposta onipotência materna para além dela, ou seja, introduz a constelação terceira que posiciona o eixo do amor numa ordem de legalidade, obrigando o *infans* a situar não o objeto, mas o que o objeto não tem. Aceder à distinção entre si mesmo e o objeto do desejo de outro implica que renuncie a esse lugar de objeto, ou seja, torne-se recalcado, perdendo-se, para ser representado não mais no lugar de objeto, mas no lugar de sujeito. Assim, a castração operada pela função paterna encarnada num agente da cultura é o vetor da ordem simbólica que posiciona o *infans* como sujeito à lei e ao desejo. A função paterna regula as relações de troca, é um significante que substitui o primeiro significante introduzido na simbolização, e assim permite perpetuar, na linguagem, o objeto primordial de seu desejo.

---

[39] Leite, N.V.A. - *Psicanálise e Análise do Discurso,* Campo Matêmico, Rio de Janeiro, 1994.

[40] Lacan, J. - *A Relação de objeto* (1956-7), O Seminário, livro 4, Jorge Zahar, Rio de Janeiro, 1995.

182   CRIANÇAS NA PSICANÁLISE

Enfim, as diferenças conceituais entre Freud e Piaget são bastante importantes. Alguns autores confrontam essas perspectivas dizendo que é a alterização da criança, e não a sua ação, que constitui a matriz subjetiva de todo conhecimento. Assim, Jerusalinsky considera que o sujeito piagetiano tem estatuto de resíduo biológico, enquanto o sujeito freudiano é resíduo da cultura (o resto do ato significante do Outro, que produz conseqüências sobre o que se estrutura na criança):

> <<A proposta piagetiana sobre o desenvolvimento entroniza a lógica como se ela fosse um derivado natural, simples prolongamento mental de invariantes biológicas. Propõe-se aqui uma "sabedoria" da natureza, que oculta a falha de todo saber e identifica saber e verdade, tanto na infância como na ciência. [...] [A] psicologia piagetiana põe obstáculos à interrogação da criança no campo da transferência e à interpelação da ciência: coloca-as num lugar de progressivo aperfeiçoamento (aproximação assintótica ao eixo do real) e sua falha, então, não deriva da impossibilidade do outro, mas sim, de um obstáculo natural. [...] [Se] algo se desenvolve no conhecimento, é precisamente a partir dessa resistência à lógica do Outro, embora o outro a disfarce de lógica natural. [...] [As] coisas advêm no lugar de objeto para a criança, na medida em que elas se situam no campo significante do Outro.[...] No conceito de Piaget, o Outro entorpece essa articulação espontânea entre organismo e meio, a menos que se dedique, meramente, a favorecer o exercício das ações para as quais o organismo da criança está originalmente preparado. Certamente, para a psicanálise, no entorpecimento dessa espontaneidade biológica é que o sujeito se une e faz de suas ações objeto de conhecimento.
> O conhecimento constitui-se às custas do campo do desejo (daí advêm suas falhas) como jogo dialético entre o saber inconsciente e a ignorância referencial. O sujeito é o desejo e, enquanto tal, tem uma impossibilidade de ser epistêmico, porque é na carência que o desejo supõe e não no lugar em que a coisa o ocupa impedindo-lhe suas "acomodações".>>[41]

Apesar de esta perspectiva de Jerusalinsky ser refutada por estudiosos de Piaget, que a consideram uma observação perigosa, uma simplificação e uma deformação lamentáveis do pensamento, da concepção de lógica e da equilibração *majorante* de Piaget, ela aponta, no mínimo, a

---

[41] Jerusalinsky, A. - Psicanálise e desenvolvimento infantil, Jerusalinsky e outros, Artes Médicas, Porto Alegre, 1988, pp. 30-38.

PRÁTICAS CLÍNICAS E ESCOLARES 183

insistência de uma distinção que deve instigar o estudo de qualquer tentativa de junção da teoria psicanalítica com a psicologia genética para explicitar a refutação.

A diferença de posições teóricas entre Freud e Piaget mantém suas disjunções. Afinal, no espaço em que Piaget privilegia a observação, Freud situa um campo transferencial em que prevalece a escuta; na ação mediadora em que Piaget concebe a construção mútua do sujeito e do objeto, Freud encontra a relação desejo-lei, modalizadora da ultrapassagem da condição de objeto pela de sujeito; no funcionamento piagetiano por assimilação e acomodação, Freud localiza os mecanismos de condensação e deslocamento; nos atributos lógicos conferidos por Piaget ao conhecimento verdadeiro, Freud aponta a supremacia da realidade psíquica; enfim, na meta de equivalência que Piaget constata entre consciência e conhecimento nas equilibrações majorantes, Freud encontra uma condição de impossibilidade em que o desconhecimento e o esquecimento são causa da consciência: *o primitivo é imperecível.*

A despeito de diferenças conceituais, o delineamento das operações clínicas postas em jogo, respectivamente, por Freud e por Piaget, podem se prestar a uma reflexão sobre os diferentes modos de aproximação ao sujeito. Desenvolveremos essa questão no próximo item.

2 - *Posição do psicopedagogo na relação com a criança*

A mesma autora que confere à psicopedagogia a função de *"resgatar um sujeito total: não a soma, mas sim a articulação de sujeitos ou fragmentos",* define interdisciplinaridade na psicopedagogia apoiada em Barthes:

> <<*Para se fazer interdisciplinaridade, não basta tomar um 'assunto' (um tema) e convocar em torno duas ou três ciências. A Interdisciplinaridade consiste em criar um objeto novo que não pertença a ninguém.*>>[42]

A questão da criação de um objeto para uma disciplina obriga a remissão a Canguilhem[43], que aponta que sempre se procurou buscar a

---

[42] Bossa, N. - A Psicopedagogia no Brasil - Contribuições a partir da prática, Artes Médicas, Porto Alegre, 1992.

184 CRIANÇAS NA PSICANÁLISE

unidade característica de uma ciência na direção de seu objeto. Mas, reafirma ele,

> <<o objeto da ciência não é somente o domínio específico de seus problemas, é também a intenção e a visada do sujeito da ciência, é o projeto específico que constitui como tal uma consciência teórica.>>

A qualidade da relação estabelecida pelo psicopedagogo ganha estatuto privilegiado no estudo da especificidade da psicopedagogia. A operação clínica do psicopedagogo não chega a ser explicitada, o que informa a dificuldade da constituição do domínio próprio. As referências ao fazer psicopedagógico encontram-se nomeadas enquanto *"trabalhar"*, *"atingir"*, *"mediar"*, *"buscar fazer com que descubram"*, *"olhar potencialidades"*, *"olhar clínico"*, *"adequar estimulação"*, *"trabalhar conceitos"*, *"introduzir conceitos"*. Atos atribuídos ao psicopedagogo que são mantidos enquanto genéricos e abrangentes: olhar, buscar, assinalar, trabalhar, mas cujo caráter inespecífico permite apenas supor (mas não afirmar) seja um apoio no propósito de intervenção behaviorista ou numa interpretação psicanalítica. Dois aspectos serão aqui enfocados, a partir das relações entre a psicologia cognitiva/behaviorismo e entre a pedagogia/psicanálise, consideradas questões emergentes nos relatos da prática psicopedagógica, especificamente quanto à posição do psicopedagogo.

Por um lado, a perspectiva do psicopedagogo enquanto estimulador implica uma oposição interna à rede conceitual piagetiana. É o que nota Lajonquière:

> <<Programar atividades tendentes a 'exercitar' e 'reforçar' noções ainda não adquiridas...não faz senão recriar a velha ilusão do controle das aprendizagens. Esse anseio, embora seja inerente às tradições behavioristas-reflexológicas [...] está determinado por uma leitura [...] da explicação construtivista do desenvolvimento cognitivo. Por um lado, estar-se-ia desconhecendo a impossibilidade de controlar direta e mecanicamente, graças a estimulações certeiras, o funcionamento daquilo que o próprio Piaget chamou de inconsciente cognitivo, entendido, de certa forma, como sendo a 'morada' do mecanismo de equilibração majorante. Por outro

---

[43] Canguilhen, G. - Qu'est-ce que la psicologie?, *Cahiers pour l'analyse*, Editions du Seuil, no1/ 2, 1966, p. 78.

PRÁTICAS CLÍNICAS E ESCOLARES

lado, desconhecer-se-ia que as aprendizagens não se reduziriam a uma simples inscrição em estruturas a priori, visto que, pelo contrário, elas assentam-se sobre um processo de assimilação ativa que carrega em si mesmo conflitos, erros e reformulações que acabam tornando imprevisíveis e não padronizáveis tanto os procedimentos individuais de resolução de problemas quanto a efetiva passagem de um nível estrutural de conhecimento a outro.>>[44]

Pode-se supor que o *"trabalhar" a criança* implicaria, ao contrário da função de estimulação, enfatizar a posição do psicopedagogo do lugar de não-saber, a partir da própria proposta da psicologia genética. A perspectiva seria não a de remeter o fazer da criança a uma escala normativa à qual se pretende adequar, mas a de assegurar à criança a possibilidade de investigação das estratégias lógicas de seu funcionamento cognitivo, a partir do posicionamento interrogativo e provocativo. *Interrogativo*, no testemunho partilhado, junto à criança, de também não saber "como" ela produz um certo raciocínio, "como" se dá sua lógica de funcionamento. Nessa perspectiva, a interrogação ganha estatuto de investigação, de questão para dois sujeitos que desconhecem um modo de funcionar. *Provocativo*, ao partir do acompanhamento do pensamento da criança, para relançar a necessidade de comparar explicações, operando descentrações, expondo-a a contradições aparentes, para que os efeitos de seu imaginário nas formulações lógicas, manifestos na sua fala, possam ser, por ela, escutados.

Num dos raros trabalhos que se propuseram a abordar efetivamente a posição terapêutica do pedagogo, encontramos, no entanto, um outro tipo de abordagem, que não oferece ao pedagogo, mas tão somente à criança, esse lugar de não-saber. Nesse trabalho, enfoca-se o manejo psicopedagógico da transferência para facilitar o desenvolvimento da aprendizagem formal. Assim, a partir dos conceitos freudianos de funcionamento mental e de transferência, a autora reafirma suas posições quanto ao *"desenvolvimento de uma prática psicopedagógica em que houvesse espaço para a revelação do sentido inconsciente da dificuldade de aprendizagem que a criança suporta"* e ainda que:

---

[44] Lajonquière, L. – De Piaget a Freud, Vozes, Petrópolis, 1993, p.34.

*<<o trabalho do psicopedagogo consistiria em propor à criança a realiza-
ção de diferentes tarefas e em acompanhá-la na execução, tendo como
foco de atenção não a tarefa em si, mas as diferentes reações da criança
frente a ela, como os seus lapsos, as hesitações, os bloqueios, as repetições,
os sentimentos e angústias presentes. O psicopedagogo faria então intervenção no sentido de facilitar à criança entrar em contato, integrar e elaborar essas reações suas, desconhecidas, transferidas à realização das tarefas, à figura do psicopedagogo e a toda situação de aprendizagem [...]
[Na] psicopedagogia propõe-se um trabalho progressivo (o que não implica que não haja regressão e que não se a tolere, mas o manejo da
transferência deve facilitar a retomada do trabalho), mediado pela realização de tarefas que vão facilitar o desenvolvimento dos processos de pensamento. Dessa maneira, o psicopedagogo estabelece uma relação de trabalho junto ao aprendiz, que leva em conta a dimensão transferencial
sem contudo abandonar seu objetivo primeiro.>>*[45]

A rede de questões que a relação da pedagogia com a psicanálise
apresenta foi apontada e discutida por Millot[46], e será aqui seguida nos
aspectos que se referem à posição do psicopedagogo. Para a autora, as
doutrinas pedagógicas implicam a ilusão do domínio dos efeitos da relação do adulto com a criança, o que significa desconhecer a impossibilidade desse domínio, apontada pela psicanálise. Com a hipótese do inconsciente, há que se considerar a impossibilidade do estabelecimento de uma
relação de causalidade entre meios pedagógicos e efeitos obtidos. Aplicar
a psicanálise à pedagogia é um *mal-entendido,* pois implica crer que um
saber sobre o inconsciente permite apropriar-se dele, ou dominar o desejo inconsciente do paciente. Obviamente, isso não implica que um ser
humano não tenha poder sobre outro semelhante, como se evidencia no
mecanismo de sugestão. Entretanto, tal mecanismo é insuficiente para
operar *remanejamentos no inconsciente.*

A pergunta da criança sobre o próprio desejo vai se formular a
partir da interrogação sobre o desejo do Outro (modalizado no outro

---

[45] Barone, L. M. C. - Desejo e Aprendizagem: A transferência na Relação Psicopedagógica, *A Praxis Psicopedagógica Brasileira,* Org. Sargo C. e outros, Abrapp, São Paulo, 1994, pp. 183-191.

[46] Millot, C. - *Freud antipedagogo,* Jorge Zahar, Rio de Janeiro, 1987.

semelhante), do qual procura obter resposta. Da resposta informulável sobre o desejo, só se pode obter uma demanda do Outro. Se esta é obtida e se a criança a ela se conforma, ficará enclausurada na tentativa de satisfazer a demanda do Outro. É por isso que, na cura analítica, o relativo anonimato do analista é um abster-se de responder à demanda do paciente, para não obstruir a via de superação do enganador registro da demanda em direção a um desejo que deixe de alienar-se nela. Tal posição *"permite-lhe apresentar ao paciente o espelho liso em que poderá decifrar hieróglifos de seu desejo".* O exercício da função de educador implica apresentar sua demanda implícita, não podendo deixar vago o espaço no qual a criança pode descobrir a chave de seu desejo, a não ser que não tenha, em relação à criança, nenhum desejo particular, o que, por sua vez, impossibilita o laço de amor e de identificação que sustentam o processo educativo. Se o educador se abstém de seu funcionamento imaginário renuncia aos meios de sua ação. A conclusão de Millot sobre a contribuição da psicanálise à pedagogia

> <<consiste na descoberta da nocividade desta ao mesmo tempo que da sua necessidade...Tudo que o pedagogo pode aprender da e pela análise é saber pôr limites na sua ação - um saber que não corresponde a nenhuma ciência e sim à arte.>>

Supõe-se que o esclarecimento da concepção de observação e de método clínico, tanto em Freud como em Piaget, trazem trilhas não negligenciáveis que poderão ajudar a traçar balizas para as elaborações da prática psicopedagógica. É o que nos faz percorrer brevemente as diferentes perspectivas que a obra desses autores inaugura, interroga e que mantém atualidade.

Não se pode desconsiderar importantes afirmações de Freud com respeito à relação da psicanálise com a educação. Ao advertir que o trabalho pedagógico não pode ser confundido nem substituído pelo influxo analítico, Freud ressalta a importância da instrução psicanalítica e da análise pessoal para o pedagogo, único meio de enfrentar as obscuridades que a criança apresenta:

> <<pois, ao contrário, o objeto de seu empenho, a criança, continuará sendo, para ele, um enigma inabordável.>>[17]

188 CRIANÇAS NA PSICANÁLISE

Freud afirma ainda em outra ocasião que, a despeito de não ter contribuído para o assunto, este:

<<...*é importantíssimo, oferece enormes esperanças para o futuro, talvez o mais importante de tudo que a análise cultiva. Refiro-me à aplicação da psicanálise à pedagogia.*>>[48]

Afinal, a criança concreta foi objeto de interrogações e permitiu importantes articulações na produção teórica de Freud. Ele a considera em seu funcionamento estruturado que, apesar de diferir na expressão fonatória, produz um texto, usa objetos como significantes não vocais nas suas relações, cifra suas urgências, ordena séries e estabelece uma sintaxe[49]. A pontuação que condensa essa perspectiva é a consideração do jogo da criança. Ao brincar, a *criança* comporta-se, para Freud, como um escritor criativo e como um adulto que fantasia:

<<*toda criança que joga se comporta como um poeta, pois cria para si um mundo próprio, ou melhor dito, insere as coisas de seu mundo em uma nova ordem que lhe agrada. Além disso, seria injusto supor que não leva a sério esse mundo; ao contrário, leva muito a sério seu jogo, emprega nele grandes montantes de afeto. O oposto ao jogo não é a seriedade, mas...a realidade efetiva. A criança diferencia muito bem da realidade seu mundo do jogo, apesar de todo seu investimento afetivo; e tende a apoiar seus objetos e situações imaginados em coisas palpáveis e visíveis do mundo real. Só este apoio diferencia ainda seu <<jogar>> do <<fantasiar>>.[...] O adulto deixa, pois, de jogar. Aparentemente renuncia à ganância de prazer que extraía do jogo. Porém, quem conheça a vida anímica do homem sabe que não há coisa mais difícil para ele que a renúncia a um prazer que conheceu. Na verdade, não podemos renunciar a nada; só permutamos uma coisa por outra; o que parece ser uma renúncia é na*

---

[47] Freud, S.(1925) - *Prólogo a August Aichornm Verwahrloste Jugend*, OC, vol. XIX, Buenos Aires, Amorrortu, p.201.

[48] Freud, S. (1933)- *Novas conferências introdutórias à psicanálise*, OC, vol.XIV, Buenos Aires, Amorrortu, p.135.

[49] A respeito desse tema, Cf.: *A clínica psicanalítica com crianças*, Angela Vorcaro, Rio de Janeiro, Cia de Freud, 1997. Parte desse livro recolhe as principais pontuações de Freud acerca da criança concreta e as diversas posições da criança na sua obra.

verdade uma formação substituta ou sub-rogada. Assim, o adulto, quando pára de jogar, só se resigna ao apontamento de objetos reais, em vez de jogar, agora fantasia.[...] O brincar da criança estava dirigido por desejos, na verdade por um só desejo que ajuda sua educação; ei-lo aqui: ser grande e adulto. Brinca sempre de <<ser grande>>, imita no jogo o que se tornou familiar da vida dos maiores. Não há razão alguma para esconder esse jogo.[..] Uma fantasia oscila de certo modo entre três tempos, três momentos temporais do nosso representar.[...] Vale dizer, passado, presente e futuro são como as contas de um colar enlaçadas pelo desejo.[...]Tampouco nossos sonhos noturnos são outras coisas que tais fantasias,[...] a insistência, talvez surpreendente, sobre a recordação infantil na vida do poeta, deriva, em última instância, da suposição segundo a qual a criação poética, como o sonho diurno, é continuação e substituto dos antigos jogos de criança.>>[50]

Assim, Freud toma a criança supondo que ela constitui, no jogo, sua realidade psíquica, dirigida por desejos que a inserem na mesma série permutativa: jogo-devaneio-sonho-poesia. Nessas pontuações, Freud toma os jogos da criança como ciframentos de um texto, tal como a poesia, ao articular palavras; ou o sonho, ao produzir um *rébus*. A colocação de coisas de seu mundo numa nova ordem só se diferencia da fala porque muitos dos significantes usados não são vocais, mas podem ser considerados lingüísticos e produzir os efeitos de equivocidade próprios à língua.

No estrito limite da observação de crianças, Freud situa apenas o caráter de verificabilidade da teoria psicanalítica, definindo a *categoria de prova,* sem fazer da observação da criança uma função privilegiada para suas investigações clínicas. Nos *Três ensaios de Teoria Sexual (1905),* ele distingue a posição secundária da observação da criança em relação às investigações sobre o infantil em psicanálise. Apesar de lamentar que os autores que se ocupam em explicar o indivíduo adulto não possam reconhecer o caráter de lei que tem a sexualidade na infância, dando atenção muito maior à pré-história dos antepassados e à hereditariedade do que àquela que se apresenta na experiência individual da infância, Freud não situa a observação da criança como capaz de responder sobre o infantil. É o que testemunha no prefácio à quarta edição dos Três Ensai-

---

[50] S. Freud (1907), O *criador literário e o fantasiar*, O.C., vol.IX, Buenos Aires, Amorrortu, pp. 125-135.

190 CRIANÇAS NA PSICANÁLISE

os, em 1920, quando aponta uma das dificuldades inerentes à observação de crianças:

> <<*Se os homens soubessem aprender com a observação direta de crian-ças, estes três ensaios poderiam não ter sido escritos.*>>[51]

A observação direta da criança oferece ao próprio Freud mais o lugar de <<*certificação das inferências*>> e de <<*testemunho da confiabilidade do método psicanalítico*>>[52], do que o campo propício à investigação e à teorização. Enquanto método, a observação direta é fonte de equívocos. Para Freud, é necessário concomitância entre a *investiga-ção psicanalítica* e a *observação contemporânea da própria criança*, en-quanto métodos conjugados, devido ao fato de que:

> <<*A observação de crianças tem a desvantagem de elaborar objetos que facilmente originam malentendidos, e a psicanálise é dificultada pelo fato de que só mediante grandes rodeios pode alcançar seus objetos e suas conclusões.*>>[53]

A concepção de clínica em psicanálise, proposta por Freud, dis-tingue indicações que apontam o fracasso da operação de transporte das linhas do sentido manifesto pelo paciente, por meio de uma analogia a conceitos ou através do estabelecimento de um sentido captado. É o que Freud escreve sobre a técnica que:

> <<*...Desautoriza todo recurso auxiliar, ainda que seja o de tomar notas, como logo veremos, e consiste meramente em não querer fixar-se {merken} em nada em particular e em prestar, a tudo quanto se escuta, a mesma "atenção uniformemente flutuante" como uma vez foi batizada. Desta maneira, livra-se um esforço de atenção que não poderia ser sus-tentado dia-a-dia ao longo de muitas horas e evita um perigo que é inseparável de todo fixar-se deliberado. E é este: assim que se concentra propositalmente a atenção até certo nível, começa-se também a escolher entre o material oferecido; fixa {fixieren} um fragmento com particular*

---

[51] S. Freud (1905), *Tres ensaios de teoria sexual*, OC, vol.VII, Buenos Aires, Amorrortu, p.120.
[52] Idem, p. 176, nota de rodapé.
[53] Ibid., p.182.

PRÁTICAS CLÍNICAS E ESCOLARES

relevo, elimina-o em troca outro, e, nessa seleção, obedece a suas próprias expectativas ou inclinações. Porém isto, justamente, é ilícito; se na sele- ção segue suas expectativas, corre o risco de não achar, nunca, mais do que já sabe; e, caso se entregue a suas inclinações, com toda segurança falseará a percepção possível. Não se deve esquecer que, na maioria das vezes, tem-se que escutar coisas cujo significado só posteriormente {nachträglich} discernirá. Como se vê, a regra de fixar-se em tudo por igual é o correspondente necessário do que se exige ao analisado, a saber: que refira tudo que lhe ocorra, sem crítica nem seleção prévias. Se o médico se comporta de outro modo, aniquila em boa parte a vantagem que resulta da obediência do paciente a esta "regra fundamental da psica- nálise".>>[54]

Condicionando o discernimento da escuta ao futuro do que ainda virá a ser dito, Freud indica que a articulação da verdade da fala se faz na repetição, que é, ao mesmo tempo, alteridade ao já dito e petição única de retorno. Portanto, o que Freud aponta nessas simples regras funda- mentais é que, na psicanálise, o discurso do paciente não se presta à imediaticidade da intuição e que os conceitos fortemente articulados na teoria psicanalítica não lhes estabelecem univocidade. Na rede tecida pelo fio do encadeamento da *associação livre* manifesta pelo paciente, reenlaçado pelo fio da *atenção flutuante* da escuta do analista, Freud põe em relevo a malha da experiência analítica enquanto discurso tecido de um pela escuta de outro. A opacidade do dito torna a escuta psicanalítica antinômica à analogia da transcrição do registro conceitual que permiti- ria a equivalência dada numa tradutibilidade de sentido[55].

Pereira de Castro[56] nos esclarece a concepção de observação e de método clínico em Piaget. Como nos lembra a autora, cuja argumenta- ção acompanharemos nos próximos parágrafos, com a introdução do método clínico em áreas de pesquisa dominadas pela tradição experi-

---

[54] S. Freud (1912), *Conselhos ao médico sobre o tratamento psicanalítico*, O.C., vol. XII, Buenos Aires, Amorrortu, pp.111-112.

[55] A respeito deste tema, cf. Jacques Lacan, "Situation de la psychanalyse et formation du psychanaliste en 1956", *Écrits*, Paris, Seuil, 1966, pp. 459-491.

[56] Pereira de Castro, M. F. - Piaget, o método clínico e a linguagem, em:*O método e o dado no estudo da linguagem*, Pereira de Castro org., Editora da UNICAMP, Campinas, 1996, pp. 165-178. Recomenda-se vivamente a leitura do texto aqui condensado, bem como as referên- cias bibliográficas que a autora percorre.

mental, a sensibilidade de Piaget revolucionou o campo teórico da construção do conhecimento pela criança. Esse método, dito clínico, posto que implica a oposição à investigação de testes, é individual e casuístico, permitindo a ultrapassagem da observação pura e mantendo, ao mesmo tempo, as vantagens da experimentação.

Sustentando diretrizes precisas, Piaget não se limitou à apresentação de problemas padronizados em de questões de vocabulário fixo. Ele adaptava expressões, situações, atitudes e o vocabulário ao próprio sujeito. Para diferenciar a estrutura de pensamento da criança dos seus epifenômenos, Piaget separa cautelosamente do conteúdo do pensamento a sua forma e o seu funcionamento. O conteúdo é tomado como um sistema de crenças intimas, que exige uma técnica especial para ser descoberto, enquanto a forma e o funcionamento mostram-se em cada contato da criança com seus pares ou com adultos. Os problemas que a linguagem impõe a Piaget nessa tarefa são questionados por ele mesmo. Exemplo disso é a consideração de que os resultados brutos de testes são, apesar de interessantes, inutilizáveis para a teoria, não apenas pela insuficiência de contextualização mas especialmente porque podem falsear a orientação da mente da criança. Piaget aponta a importância de o clínico situar o sintoma num contexto mental, em vez de produzir ou canalizar respostas, para assim descobrir as tendências espontâneas.

O recurso à observação é a estratégia da pesquisa e a inspiração do controle das experiências, mas provoca inconvenientes sistemáticos que Piaget destaca:

- o obstáculo do "pensamento egocêntrico" da criança que a conduziria a calar-se sobre suas hipóteses, seja por supor que todos têm conhecimento delas ou ainda por pudor, medo de se enganar ou de se desiludir. A criança suporia que suas explicações são as únicas possíveis e, portanto, não haveria por que explicitá-las.
- a intransponibilidade do discernimento, por via da observação simples, entre jogo, fabulação e verdadeira crença. Esse fator só seria superável pela multiplicidade de resultados e pela comparação de reações individuais.

A ambição de construir um método capaz de atingir os "pensamentos informuláveis", as "pré-relações" ou os "esquemas sincréticos", buscando cernir a verdadeira orientação da mente da criança, leva Piaget a introduzir o método clínico de pesquisa em psicologia.

Ao clínico caberia participar da experiência, colocando-se problemas e formulando hipóteses, controlando cada um deles através da variação das condições de jogo. Enfim, nos termos de Piaget: *"deixar-se dirigir, levando em conta todo o contexto mental".* É o que Pereira de Castro define como a questão que permeia a perspectiva clínica piagetiana: *"Como interpretar o discurso da criança ou como chegar à interpretação correta?"* Para a autora, a atualidade em que essa questão se mantém é, entretanto, marcada pelo conflito de Piaget em reconhecer os efeitos da linguagem, o que é explícito na solução que ele persegue: escolher e configurar o *"dado sem resíduos".*

Piaget hierarquiza os enunciados da criança, confere-lhes valores heurísticos e classifica-os em graus de interesse. Ele destaca as *crenças espontâneas* (que a criança não precisa formular para responder, porque sua resposta é informulável); valoriza também as *crenças desencadeadas* (influenciadas indiretamente pelo interrogatório, mas produtos originais do pensamento) , porque permitem desvendar a orientação mental da criança; a *fabulação* (invenção de histórias), que pode fornecer indicativos, mas exige muita prudência. As *crenças sugeridas* e as *respostas com qualquer coisa* devem ser eliminadas. Esse criterioso expediente faz do dado não qualquer dado, mas dado eleito.

Para chegar à interpretação dos fatos observados, Piaget também define regras em que evidencia suas decisões teóricas:

- Distinguir a "fórmula verbal" (ou "sistematização consciente") de orientação da mente (inteligência pré-consciente determinativa da resposta). Assim, a resposta fornece indícios para a procura de orientação da inteligência. Isso exige despojar a resposta de todo elemento sistemático, porque o pensamento da criança é pouco sistemático, pouco coerente, pouco dedutivo, é um conjunto de atitudes ligados à ação e à fantasia.

- Da resposta, deve-se reter apenas sua direção, sem as balizas que o discurso adulto fornece, para, a partir daí, despojar as respostas de qualquer lógica artificialmente imposta:

    <<*lá onde a coerência é de um tipo mais orgânico do que lógico"(Piaget, 1926/1976, p. 36).*>>[57]

Piaget[58] sugere que esse trabalho de redução crítica despoje os elementos das respostas. Afinal, seguindo Pereira de Castro, a linguagem da criança é, para Piaget, representação do pensamento muitas vezes informulável, feito de combinação de imagens e esquemas motores. Tal representação, que traduz o pensamento em palavras inadequadas, deve ser suspensa, para que se possa atingir o pensamento da criança. Deve ser, enfim, neutralizada em seus efeitos de estruturação do pensamento. Pereira de Castro afirma que:

> <<...o modelo piagetiano vai silenciar, gradativamente, ao longo da obra do autor, os efeitos da linguagem, para colar-se finalmente aos sistemas biológicos, "parentes mais próximos" dos sistemas cognitivos. (Piaget, 1975, p.10)>>[59]

Mas, cabe apontar também que a autora ressalta que Piaget se inquieta e intui os efeitos da linguagem no conhecimento. Ele afirma que as regras metodológicas não resolvem os problemas e se pergunta: *"Como separar, nos resultados de interrogatórios, os achados originais da criança e as influências adultas anteriores?"*[60]. Contornando esse impasse (contando com as ponderações de Stern), Piaget apóia-se no fato de a imitação ser seletiva e também no fato de que aquilo que é imitado obedece a uma constância na ordem de sucessão. Assim, categorias gramaticais, por exemplo, seriam adquiridas em ordem fixa e mostrariam uma estrutura em parte independente da pressão externa. A imitação implicaria ainda, para Piaget, deformação e recriação, marcando a originalidade da criança. Mas, segundo Pereira de Castro, Piaget mantém a questão da dificuldade do discernimento entre o que é da criança e o que é incorporado numa circularidade. Sua atualidade está em permitir reconhecer o *"movimento que escapa ao sujeito epistêmico e que é próprio à linguagem. Mas essa conseqüência teórica inevitável da adoção do método clínico foi, não*

---

[57] Piaget, J. - La répresentation du monde chez l'enfant, Paris, PUF, apud Pereira de Castro, op. cit., p. 172.

[58] Idem, p. 26, apud Pereira de Castro, p. 172.

[59] Ibidem, p.173.

[60] Idem, ibidem, p.174.

sem conflitos, rigorosamente afastada por Piaget."[61]

Essas interrogações que Freud e Piaget nos apresentam justificam, enfim, uma maior detenção nas obras dos autores e, ainda, no modo como essas mesmas questões se atualizam, hoje, em cada prática clínica.

3 – Para concluir

As práticas psicopedagógicas ensaiam ocupar um campo transversal de enfrentamento de questões que ilumine e que atravesse as lacunas que emolduram as relações entre a iatrogenia da escola configuradora do fracasso escolar, as especificidades dos sujeitos que resistem à aprendizagem e as patologias orgânicas que limitam os processos cognitivos.

Esta perspectiva se fez urgência, na medida em que as raízes ideológicas brasileiras, que mantiveram inviável o processo de escolarização de grande parcela da população, sempre se serviram da suposta inaptidão dos alunos para justificar sua exclusão da condição efetiva de cidadania, causada pela impossibilidade de acesso ao patrimônio cultural no qual as práticas sociais se sustentam. Assim, a análise da qualidade e adequação pedagógica da escola foi relegada, em função de justificativas pautadas no encontro de determinações individuais constrangedoras dos processos de aprendizagem. Estabeleceu-se, portanto, uma obscuridade que raramente permitiu diferenciar suas respectivas incidências e efetivamente superar impasses pedagógicos da escola. Os efeitos desse obscurecimento são sistematicamente recrudescidos, posto que se alojam nos sujeitos em situação de fracasso escolar. Numa operação de inversão unívoca, atribui-se ao sujeito a *causa* da evasão escolar.

O fenômeno observado do não-aprender ganhou atributo de morbidade. A instituição escolar tomou conseqüência por causa, configurando e nomeando a patologização do sujeito-mau-aprendiz, em vez de tomá-lo como indicador da urgência de problematização. Tal modo de funcionamento se faz notar no insuperável fluxo de encaminhamentos de escolares para os serviços de saúde mental. Mesmo deslocado do campo pedagógico para a esfera da saúde, o problema insiste e demonstra

---

[61] Idem, ibidem, p. 176.

ser impossível adiar o enfrentamento das questões: *O que é aprender? Quais as condições de possibilidade da aprendizagem?*

É nesse lugar que a psicopedagogia se constituiu, no Brasil, e pode ser considerada modo de responder a um sintoma social[62]. Afinal, a demanda crescente, proveniente das instituições escolares e dos serviços de saúde, exigiram a consideração do sintoma escolar como enigma e a delimitação dos processos de aprendizagem como objeto de reflexão. Para além da classificação tradicional do fracasso escolar como erro (do ponto de vista da norma pedagógica), como disfunção psíquica, anomalia orgânica e ainda como rebaixamento do quociente intelectual, instaurou-se uma prática voltada à análise da sintomatologia de aprendizagem, das condições de sua emergência e de sua desmontagem, seja através de atividades clínicas ou da atuação na instituição escolar.

Tais práticas que, no Brasil, se delimitaram nos últimos dez anos, afirmaram a institucionalização do discurso da psicopedagogia. Esse processo vem produzindo efeitos nos circuitos que envolvem os campos mais diversos e imbricados: psicologia, pedagogia, neurologia, psiquiatria, fonoaudiologia, sociologia, antropologia e lingüística. Se a produção de efeitos pode ser considerada a partir do que suscita — seja negação, desconfiança ou afirmação de suas possibilidades de constituição específica —, a psicopedagogia demarca hoje um campo e se faz reconhecer enquanto prática social, uma vez que estabeleceu um discurso e práticas que se propuseram a tomar, como passível de investigação, o espaço do sintoma escolar, esquecido na periferia das disciplinas de que se avizinha. Propôs, assim, enfrentar os limites da abordagem de tais disciplinas quanto às cotidianas idiossincrasias dos sujeitos, diante da transmissão e da apropriação do saber, nos processos chamados de "aprendizagem".

A psicopedagogia põe à mostra, em seu próprio nome, a insuficiência dessas disciplinas enquanto campos delimitados, não apenas no que se refere à pedagogia e à psicologia, mas às lacunares heranças que essas duas disciplinas já carregam e que as constituem, afetadas por outros campos de conhecimento.

---

[62] Cf. Any Cordié, *Os fracassados não existem*, Porto Alegre, Artes Médicas, 1996. A autora francesa enfatiza a questão conferindo a esse sintoma o traço de uma época. Pode-se notar aí que a questão não se limita à especificidade brasileira.

PRÁTICAS CLÍNICAS E ESCOLARES

Estranho paradoxo. O necessário ato de o psicopedagogo se fazer reconhecer convive com a banal constatação — em quaisquer das disciplinas que afetam a psicopedagogia — de que o acesso aos processos envolvidos na aprendizagem humana não pode prescindir dos saberes dessas disciplinas, e que tais saberes, quando tomados em sua autonomia, são insuficientes. Assim, a psicopedagogia se defronta com um grande problema que configura ao mesmo tempo seu risco e sua aposta: risco de se emaranhar nos limites já evidenciados nas disciplinas de que emerge, aposta na perspectiva de enfrentar suas condições de possibilidades a partir de uma constituição conceitual e prática específicas.

Tal fato, aparentemente óbvio, não pode ser negligenciado. O que funda a psicopedagogia, a saber, o que está "entre" a psicologia e a pedagogia, está "para além" destas enquanto disciplinas autônomas. Esse hiato, que promove sua condição de possibilidade, pode tanto apagar quanto mostrar o discurso psicopedagógico da interdisciplinaridade. O necessário recurso a distintas fontes teórico-práticas contraditórias, implicam paradigmas divergentes de constituição do sujeito (e, conseqüentemente, *"como" o sujeito "aprende"*), podendo implicar uma mera operação de *adição* de fragmentos teóricos considerados ingenuamente como complementares, mas pode, também, atestar a falência de teorias abrangentes e completas, ao não se furtar ao enfrentamento das diferenças que intimam à constituição de um campo específico. Assim, o traço interdisciplinar constitutivo do discurso psicopedagógico configura as condições de possibilidade do empreendimento teórico.

O mito da globalidade reedita pressupostos em contextos e práticas diferenciadas de sua origem, sobrepondo-se aos incômodos dos enigmas da experiência, alienando o profissional da prática que ele mesmo constitui e tornando o sujeito exposto a tal prática um objeto a ser "encaixado" em "saberes" que lhe são prévios e que o determinam, apagando sua diferença. Os enigmas do sintoma são, assim, *solucionados,* mas ao preço do recobrimento de sua singularidade.

Residem aí questões perturbadoras da psicopedagogia. A necessidade de essa prática se deixar afetar por distintos campos de saber, interrogando-os e deixando-se interrogar por eles, não pode ser confundida com a evocação da adição desses campos como "eixo" orientador da psicopedagogia. Tal equívoco oferece ao outro (seja ao próprio psicopedagogo, ao sujeito alvo da psicopedagogia ou às outras disciplinas envolvidas no ato psicopedagógico) uma possibilidade imaginária infinita tratada, nas questões que atravessam a história da institucionalização da psicopedagogia: *o que é psicopedagogia? Qual a identidade do psicopedagogo?*

A formação do psicopedagogo e a definição de seu campo de abrangência vem encontrando modulações variadas, orientadas por referências teóricas distintas e pela multiplicidade de práticas clínicas e institucionais que lhe dão consistências diversas. Afinal, a psicopedagogia é efeito das práticas de ensino-aprendizagem, é emergência das interrogações suscitadas pelo que é posto em ato nesse processo que relaciona sujeitos à apropriação do patrimônio cultural que os constitui. É urgência que se manifesta, posto que "ensinar/aprender" envolve o que é especificamente humano: a transmissão e a apropriação do campo simbólico.

Mas se o recurso aos saberes constituídos nos diversos campos de conhecimento informa a amplitude do processo em causa, permite-lhe, ainda, aproximar-se de sua inerente complexidade, e obriga-a a constituir uma relação que, para além de sua mera reprodução, localize seus pontos cegos pelo confronto da prática que se estabelece entre sujeitos, diante dos processos do aprender. Essa é a condição de possibilidade da psicopedagogia.

A perspectiva de localizar e problematizar aquilo que, em seu estatuto de ilegibilidade, mantém-se *entre os* distintos campos disciplinares que envolvem a aprendizagem, precisa ser enfrentada, como condição de delimitar seu *mais além*. Para tanto, em vez de reduzir redes conceituais oriundas de regiões particulares do saber ao estatuto de preceitos, na perspectiva de uma totalização da concepção de aprendizagem e do tratamento de suas dificuldades, a psicopedagogia pode atravessar um percurso de interrogações sobre as especificidades da *falta na aprendizagem,* em que os referenciais teóricos serão tomados como posições mediante as quais as incidências singulares do sujeito, exposto à prática psicopedagógica, problematizarão os confrontos que convocam.

O estudo das práticas psicopedagógicas figurou-se como fragmentário, mas, na medida em que for exposto ao campo da psicopedagogia, espera-se que possa tornar-se instrumento desencadeador de discussões, refutação e explicitação, e que suscite o interesse dos psicopedagogos em problematizar e tratar, de dentro da psicopedagogia, o que teve aqui um caráter de exterioridade. Tratou-se de tocar em alguns pontos nodais que ressaltassem a importância da diferenciação do ato psicopedagógico para que se possa mapear o campo de suas operações.

Referências Bibliográficas

Allouch, J., *Letra a letra, traduzir, transcrever, transliterar*, Rio de Janeiro, Companhia de Freud, 1995.

Balbo, G., Le mot, la chose, leurs phonèmes et leur ratage unien, *La Psychanalyse de l'enfant,* no. 18, Paris, Éditions de l'Association freudienne, 1995.

Bergès, J, La carte forcée de la clinique, *Le discours psychanalytique*, Paris, Association freudienne, 1990.

Bergès, J. e Balbo, G., *L'enfant et la psychanalyse*, Paris, Masson, 1994.

Bossa, N.- *A Psicopedagogia no Brasil: contribuições a partir da prática*, Porto Alegre, Artes Médicas,1994.

Calligaris, C. *Introdução a uma clínica diferencial das psicoses*, Porto Alegre, Artes Médicas, 1989.

_____ *Hipótese sobre o fantasma*, Porto Alegre, Artes Médicas, 1986.

_____ Introdução a uma clínica psicanalítica, Seminário realizado em Salvador, Cooperativa Cultural Jacques Lacan, 1986.

Canguilhen, G.(1956), Qu'est-ce que la psychologie?, *Les cahiers pour l'analyse*, 1,2, Paris, Societé du grafe, 1966.

Cazenave, L., Ressonancias de la interpretation, *Ressonancias de la interpretacion, Modalidades clínicas, Psicoanalises com Niños*, Centro Pequeno Hans, Buenos Aires, Atuel, 1996.

Clavreul, J., *A ordem médica*, São Paulo, Brasiliense, 1983.

Cordié, A., *Os fracassados não existem*, Porto Alegre, Artes Médicas, 1996.

Daumas, A., El lugar de la interpretation, *Ressonancias de la interpretacion, Modalidades clínicas, Psicoanalises com Niños*, Centro Pequeno Hans, Buenos Aires, Atuel, 1996.

Dictionnaire de la langue Française, Paris, Le Robert, 1991.

Dicionário Enciclopédico de Psicanálise, Kaufmann, P. (org.), Rio de Janeiro, Jorge Zahar, 1996.

Donzelot, J. - *A polícia das famílias*, Rio de Janeiro, Graal,1980.

Dor, J., *Estrutura e Perversões*, Porto Alegre, Artes Médicas, 1991.

_____ *Estruturas e Clínica Psicanalítica*, Rio de Janeiro, Taurus-Timbre, 1991.

Dorey, R., Pour la présentation clinique, *Nouvelle Revue de la Psychanalyse*, Paris, 1990.

Duault, R. - L'Analyse des Enfants, ou de L'utilisation d'un grand héritage de Anna Freud et Mélanie Klein à Françoise Dolto, *La Psychanalyse de L'enfant*, no.11, Paris, Revue de l'Association Freudienne, 1992.

Eidelberg, A., Interpretation psicoanalítica y disparate infantil, *Ressonancias de la interpretacion, Modalidades clínicas, Psicoanalises com Niños*, Centro Pequeno Hans, Buenos Aires, Atuel, 1996.

Faivre-Jussiaux, M., *L'enfant lumière: Itinéraire psychanalytique d'un enfant bizarre*, Paris, Payot Rivages, 1995.

Feldstein, R., Fink, B. e Jaanus, M. (orgs.), Para ler o seminário 11 de Lacan, Rio de Janeiro, Jorge Zahar, 1997.

Fendrik. S., *Ficção das origens*, Porto Alegre, Artes Médicas, 1991.

Fernándes, A., *A Inteligência Aprisionada*, Porto Alegre, Artes Médicas, 1990.

Figueiredo, L. C., *A Investigação do Aparelho Psíquico* (notas para uma comunicação), São Paulo, PUCSP, mimeo, 1995.

Foucault, M., *A arqueologia do saber*, Rio de Janeiro, Forense Universitária, 1986.

_____(1905), *Tres ensayos de teoría sexual*, Obras Completas, vol.VII, Buenos Aires, Amorrortu, 1992.

_____(1907), *El criador literario y el fantaseo*, Obras Completas, vol. IX, Buenos Aires, Amorrortu, 1992.

_____ (1912), *Consejos al médico sobre el tratamento psicoanalítico*, Obras Completas, vol.XII, Buenos Aires, Amorrortu, 1992.

_____(1920), *Mas allá del principio de placer*, Obras Completas, vol.XVIII, Buenos Aires, Amorrortu,1992.

_____(1925a), A negativa, *Letra Freudiana*, ano VIII, n.5, Rio de Janeiro, Taurus-Timbre, 1988.

_____(1925b), *Prologo a August Aichormn*, Obras Completas, vol. XIX, Buenos Aires, Amorrortu,1992.

_____(1926),*¿Pueden los legos ejercer el análisis?*, Obras Completas, vol.XX, Buenos Aires, Amorrortu,1992.

_____(1930), *El malestar en la cultura*, Obras Completas, vol. XXI, Buenos Aires, Amorrortu,1992.

_____(1933), *Nuevas conferencias de introducción al psicoanálisis*, Obras Completas, vol.XXII, Buenos Aires, Amorrortu,1992.

Jerusalinsky, A., Autismo, a infância no real, *Escritos de la infância*, Buenos Aires, FEPI, 1993.

_____ Multidisciplina, Interdisciplina, Transdisciplina, *Escritos da Criança*, Porto Alegre, ano III, no. 3, 1990.

_____ Psicose e autismo na infância: uma questão de linguagem, *Boletim da Associação psicanalítica de Porto Alegre*, ano IV, n.9, novembro 1993.

_____ Pequena história do tempo lógico, *Cem anos de psicanálise*, Slavustsky, Brito e Sousa, orgs., Porto Alegre, Artes Médicas,1996.

_____ *Psicanálise e desenvolvimento infantil*, Porto Alegre, Artes Médicas, 1988.

Kuhnem, A., Sena E., Bastos, M.C., Pereira, M.C., MendonçaM.J., Chacur, N., Teixeira, R., *Alfabetização no Programa de atendimento a adolescentes surdos com acentuada defasagem na relação idade-série escolar*, São Paulo, mimeo, 1996.

204   CRIANÇAS NA PSICANÁLISE

Kuhnem, A., Sena E., Bastos, M.C., Paschoa L., , Mendonça, M.J., Chacur, N., Teixeira, R. Nakasato, R., *Surdos adolescentes e analfabetos*, São Paulo, mimeo, 1996.

Lacan, J.(1953), *O real, o simbólico, o imaginário*, (discurso pronunciado em Julho de 1953, na fundação da Societé Française de Psychanalyse), Paris, mimeo.

_____(1956-7), A relação de objeto, *O Seminário, livro 4*, Rio de Janeiro, Jorge Zahar, 1995.

_____(1958), A direção do tratamento e os princípios de seu poder, *Escritos*, Rio de Janeiro, Jorge Zahar, 1998.

_____ (1967), Proposición del 9 octobre sobre el psicoanalista de la Escuela, *Momentos cruciales de la experiencia analitica*, Buenos Aires, Manantial,1987.

_____ (1967-8), *L'Acte psychanalytique*, Seminário XV, inédito.

_____ (1968-9), *D'un Autre à l'autre*, Seminário XVI, inédito.

_____ (1969), Dos notas sobre el niño, *Intervenções e textos 2*, Buenos Aires, Manantial, 1991.

_____ (1969-70), O avesso da psicanálise, *O Seminário, livro 17*, Rio de Janeiro, Jorge Zahar, 1992.

_____(1971-2), *...ou pire*, inédito.

_____(1975), Conferencia en Ginebra sobre el sintoma, *Intervenciones e textos 2*, Buenos Aires, Manantial, 1988.

_____Conferência em Genebra sobre o sintoma, *Opção Lacaniana*, São Paulo, Eólia,1998.

_____(1977), Overture de la section clinique, *Ornicar*, Paris, 1977.

Lajonquière, L., *De Piaget a Freud*, Petrópolis, Vozes, 1993.

Laurent, E., El goce del debil, *Niños en psicoanalisis*, Buenos Aires, Manantial, s.d.

Lefort R., Lefort, R., L'acèss de l'enfant à la parole, condition du lien social, *L'autisme, Bulletin du Groupe petite enfance*, no. 10, Paris, Cereda, 1997.

_____ *Les Structures de la psychose*, Paris, Seuil, 1988.

BIBBLIOGRAFIA

Lévi-Strauss, C., *Antropologia Estrutural*, Rio de Janeiro, Tempo Brasileiro, 1975.

Lerude, M., Au bonheur des enfants, *La psychanalyse de l'enfant*, Paris, Association Freudienne, 1992.

Leserre, A., La ubicación de la interpretación en la práctica analítica com niños, *Ressonancias de la interpretacion, Modalidades clínicas, Psicoanalises com Niños*, Centro Pequeno Hans, Buenos Aires, Atuel, 1996.

Leite, N.V.A., *Psicanálise e Análise do Discurso*, Rio de Janeiro, Campo Matêmico, 1994.

Macedo, L., *Ensaios construtivistas*, São Paulo, Casa do Psicólogo, 1994.

Melman, C., *Novos estudos sobre o inconsciente*, Porto Alegre, Artes Médicas, 1994.

_____ *Questions de clinique psychanalytique*, Paris, Association Freudienne Internationale, 1986.

Miller, J.-A., A criança entre a mulher e a mãe, *Opção Lacaniana*, São Paulo, 1997.

_____ *Ação da Estrutura*, *Cahiers pour l'Analyse*, no 9, Paris, Seuil, 1964.

Miller, J. (org.), *A criança no discurso analítico*, Rio de Janeiro, Jorge Zahar, 1991.

Millot, C. - *Freud antipedagogo*, Rio de Janeiro, Jorge Zahar, 1987.

Milner, J-C. - *O amor da língua*, Porto Alegre, Artes Médicas, 1987.

Pereira de Castro, M. F. , O método clínico e a linguagem, *O método e o dado no estudo da linguagem*, M.F. Pereira de Castro (org.), Campinas, Unicamp, 1996.

Piaget, J. - *A Epistemologia Genética (1970)*, *Piaget*, Os pensadores, São Paulo, Abril Cultural,1983.

_____ *Les Relations entre l'intelligence et l'affectivité dans le développement de l'enfant.* Cours de la Sorbonne, Paris, *Bulletin de psychologie*, 1954.

_____ *Problemas de psicologia genética (1972)*, *Piaget*, Os Pensadores, São Paulo, Abril Cultural, 1983.

_____ *Le Structuralisme*, Paris, PUF, 1970.

Porge, E., *Psicanálise e tempo*, Rio de Janeiro, Campo Matêmico, 1994.

_____ La présentation de malades: Charcot, Freud, Lacan, Aujourd'hui, *Un siècle de recherches freudiennes en France*, Paris, Centre George Pompidou, 1986.

_____ La présentation de malades, *Littoral*, no. 17, Toulouse, Erés, 1985.

Sargo, C e outros, *A Práxis Psicopedagógica Brasileira*, São Paulo, Abrapp, 1994.

Scoz, B. e outros, *Psicopedagogia: contextualização, formação e atualização profissional*, Porto Alegre, Artes Médicas, 1992.

Sauret, M.-J., *De l'infantile à la structure*, Toulouse, Presses universitaires du Mirail, 1992.

_____ *O infantil e a estrutura*, São Paulo, Escola Brasileira de Psicanálise, 1998.

Soler C., L'enfant et le désir de l'analyste, *Séries de la Découverte Freudienne*, Toulouse, P.U. Mirail, 1994.

Stevens, A, L'holophrase, entre psychose et psychosomatique, *Ornicar?*, Champ freudien, no.42, 1987.

Tendlaz, S., *De que sofrem as crianças*, Rio de Janeiro, Sete Letras, 1997.

Vocabulaire technique et critique de la philosophie, Lalande, A., Paris, Quadrige/PUF, Vol.ll, 1991.

Vocabulário de Psicanálise, Laplanche, J. e Pontalis, J.-B., Santos, Martins Fontes, 1977.

Vorcaro, A., *Relações Multidisciplinares, Das negociações numa clínica de distúrbios da comunicação*, São Paulo, EDUC,1993.

_____ *A criança na clínica psicanalítica*, Rio de Janeiro, Cia de Freud, 1997.

_____ Sobre a clínica da DERDIC, *Estilos da Clínica*, ano III, no. 5, São Paulo, USP, 1988.

_____ e Audat, A.C., *Quelques remarques sur la consultation publique du Dr. Bergès*, Paris, Memoire de Stage, Paris, mimeo, 1992.

Wartel R., e outros, *Psicossomática e Psicanálise*, Rio de Janeiro, Jorge Zahar, 1990.

Companhia de Freud editora

OBRAS PUBLICADAS

Psicanálise e Tempo
Erik Porge

Psicanálise e Análise
do Discurso
Nina Leite

Letra a Letra
Jean Allouch

Mal-Estar na Procriação
Marie-Magdeleine Chatel

Marguerite ou
"A Aimée" de Lacan
Jean Allouch

Revista Internacional nº 1
A Clínica Lacaniana

A Criança na Clínica Psicanalítica
Angela Vorcaro

A Feminilidade Velada
Philippe Julien

O Discurso Melancólico
Marie-Claude Lambotte

A Etificação da Psicanálise
Jean Allouch

Roubo de Idéias?
Erik Porge

Os Nomes do Pai
em Jacques Lacan
Erik Porge

Revista Internacional nº 2
A Histeria

Anorexia Mental, Ascese, Mística
Éric Bidaud

Hitler – A Tirania e a Psicanálise
Jean-Gérard Bursztein

Littoral
A Criança e o Psicanalista

O Amor ao Avesso
Gérard Pommier

Paixões do Ser
Sandra Dias

A Ficção do Si Mesmo
Ana Maria Medeiros da Costa

As Construções do Universal
Monique David-Ménard

Littoral
Luto de Criança

Trata-se uma Criança – Tomos I e II
*Congresso Internacional de Psicanálise
e suas Conexões – Vários*

O Adolescente e o Psicanalista
Jean-Jacques Rassial

— Alô, Lacan?
— É claro que não.
Jean Allouch

A Crise de Adolescência
Octave Mannoni e outros

O Adolescente na Psicanálise
Raymond Cahn

A Morte e o Imaginário na Adolescência
Silvia Tubert

Invocações
Alain Didier-Weill

Um Percurso em Psicanálise
com Lacan
Taciana de Melo Mafra

A Fantasia da Eleição Divina
Sergio Becker

Lacan e o Espelho Sofiânico de Boehme
Dany-Robert Dufour

O Adolescente e a Modernidade – Tomos I, II e III
*Congresso Internacional de Psicanálise
e suas Conexões – Vários*

A Hora do Chá na Casa dos Pendlebury
Alain Didier-Weill

W. R. Bion – Novas Leituras
Arnaldo Chuster

Crianças na Psicanálise
Angela Vorcaro

O Sorriso da Gioconda
Catherine Mathelin

As Psicoses
Philippe Julien

O Olhar e a Voz
Paul-Laurent Assoun

Um Jeito de Poeta
Luís Mauro Caetano da Rosa

Estética da Melancolia
Marie-Claude Lambotte

O Desejo do Psicanalista
Diana S. Rabinovich

Os Mistérios da Trindade
Dany-Robert Dufour

A Equação do Sonhos
Gisèle Chaboudez

Abandonarás teu Pai e tua Mãe
Philippe Julien

A Estrutura na Obra Lacaniana
Taciana de Melo Mafra

Elissa Rhaïs
Paul Tabet

Ciúmes
Denise Lachaud

Trilhamentos do Feminino
Jerzuí Tomaz

Gostar de Mulheres
Autores diversos

Os Errantes da Carne
Jean-Pierre Winter

As Intervenções do Analista
Isidoro Vegh

Adolescência e Psicose
Edson Saggese

O Sujeito em Estado Limite
Jean-Jacques Rassial

O que Acontece no Ato Analítico?
Roberto Harari

A Clínica da Identificação
Clara Cruglak

A Escritura Psicótica
Marcelo Muniz Freire

Os Discursos e a Cura
Isidoro Vegh

Procuro o Homem da Minha Vida
Daniela Di Segni

A Criança Adotiva
Nazir Hamad

Littoral
O Pai

O Transexualismo
Henry Frignet

Psicose, Perversão, Neurose
Philippe Julien

Como se Chama James Joyce?
Roberto Harari

A Psicanálise: dos Princípios
Ético-estéticos à Clinica
W.R. Bion – Novas Leituras
Arnaldo Chuster0

O Significante, a Letra e o Objeto
Charles Melman

O Complexo de Jocasta
Marie-Christine Laznik

O Homem sem Gravidade
Charles Melman

O Desejo da Escrita em Ítalo Calvino
Rita de Cássia Maia e Silva Costa

O Dia em que Lacan me Adotou
Gérard Haddad

Mulheres de 50
Daniela Di Segni e Hilda V. Levy

A Transferência
Taciana de Melo Mafra

Clínica da Pulsão
Diana S. Rabinovich

Os Discursos na Psicanálise
Aurélio Souza

Littoral
O conhecimento paranóico

Revista Dizer – 14
A medicalização da dor

Neurose Obsessiva
Charles Melman

A Erótica do Luto
Jean Allouch

Um Mundo sem Limite
Jean-Pierre Lebrun

Comer o Livro
Gérard Haddad

Do Pai à Letra
Hector Yankelevich

A Experiência da Análise
Norberto Ferreyra

A Fadiga Crônica
Pura H. Cancina

O Desejo Contrariado
Robert Lévy

Gide-Genet-Mishima
Catherine Millot

O Sexo Conduz o Mundo
Colette Chiland

A Dependência Química
na Adolescência
Hélcio Mattos

Psicanálise de Crianças Separadas
Jenny Aubry

A SEREM EDITADOS

Os Nomes Indistintos
Jean-Claude Milner

O Caminhante Analítico
Victor Smirnof

Um Homem de Palavra
Nazir Hamad

Figuras do Real
Ginette Michaud

Do Amor do Outro ao Amor de Si
Patrick Delarache

A Topologia de Lacan
Jean-Paul Gilson

O Conhecimento Paranóico
Revista Litoral

Letra e Pulsão de Morte
Andre Green

A Arte de Reduzir as Cabeças
Dany-Robert Dufour

Enigma do Incesto
Laure Rozen

O Inferno do Dever
Denise Lachaud

A Quarta Mulher
Paul Tabet

Lacaniana
Moustapha Safouan

Dez Conferências de Psicanálise
Moustapha Safouan

Estados de Abandono
Jacques André

Transferência e Estados Limites
Jacques André

Da Paixão
Jacques André

De Poetas, Crianças e Criminalidades
a Propósito de Jean Genet
Isidoro Vegh

O Próximo
Isidoro Vegh

Para uma Clínica do Real
Isidoro Vegh

A Significação do Falo
Diana Rabinovich

A Angústia e o Desejo do Outro
Diana Rabinovich

O Fracasso do Fantasma
Silvia Antigo

A Ambivalência Materna
Michele Benhaím

O Dicionário da Sexualidade Humana
Philippe Brenot

A Sombra do Teu Cão
Discurso Psicanalítico e discurso Lésbico
Jean Allouch

A Anatomia da Terceira Pessoa
Guy Le Gaufey

A Criança no Espelho
Émily Jalley

O Livro das Separações
Emílio Rodrigué

Quartier Lacan
Alain Didier-Weill

Brincar é Coisa Séria
Clemencia Baraldi

O Sujeito Freudiano e Pulsionalidade
Bernard Penot

IMPRESSÃO

GRÁFICA MARQUES SARAIVA
Rua Santos Rodrigues, 240 - Estácio / RJ
Telefax: (21) 2502-9498